자식을 미치게 만드는 부모들

자식을
미치게 만드는
부모들

상처주고 공격하고 지배하려는 부모와 그로부터 벗어나는 법

가타다 다마미 지음 | 김수정 옮김

WILLCOMPANY

부모의 학대로 자식이 사망하는 사건이 끊이지 않고 있다. 이런 사건에서 문제가 되는 것은 대부분 신체적인 학대다. 아이를 때리거나 발로 차거나 던지고 거꾸로 매달기도 한다. 또는 담뱃불로 화상을 입히거나 집 밖으로 내쫓고 문을 잠가버리기도 한다.

이러한 신체적 학대로 인해 아이는 큰 충격을 받는다. 더욱이 음식을 주지 않거나 불결한 환경에서 생활하게 하는 육아방치까지 겹치면 아이는 쇠약해진다. 그런데도 부모가 자식을 병원에 데리고 가지 않고 방치하는 사이에 사망이라는 최악의 사태를 초래하기도 한다.

문제는 이런 종류의 신체적 학대를 예의범절을 가르치기

위한 훈육으로 착각하고 있는 부모가 많다는 것이다. 2019년 1월 치바현 노다시에서 사망한 당시 초등학교 4학년이었던 쿠리하라 미아 어린이의 아버지인 유이치로도 그중 하나로, 자신은 정당하다고 믿고 있는 듯 보였다.

또한 '자식은 내 것'이라는 강한 소유의식을 갖고 있는 것 같았다. 자식을 자신의 소유물로 간주하기 때문에 자기 마음대로 해도 괜찮다고 생각하는 이런 경향은 자식을 학대하는 부모에게서 공통적으로 볼 수 있다.

강한 소유의식은 자식에게 폭력을 휘두르는 부모에게서만 보이는 것은 아니다. 자식에게 욕설을 하고 모욕과 협박을 하는 부모, 자식을 자기 마음대로 지배하며 조종하려는 부모, 형제자매와 차별하는 부모 등도 강한 소유의식을 보인다.

이런 식의 심리적 학대는 아이의 마음에 심한 손상을 입힌다. 때로는 두통이나 복통과 같은 신체 증상으로 나타나기도 하지만, 부모는 자식의 심신 이상의 원인이 자신이라는 것을 대부분 인식하지 못하고 있다. 오히려 다 자식이 잘되라고 하는 일이라는 믿음을 가진 부모가 많다. 특히 자식을 지배하려고 하는 부모는 이러한 믿음이 강해서 부모의 가치관을 자식에게 강요한다.

이러한 가치관 강요의 밑바탕에는 자식은 '나를 돌보이

게 하는 부속물'이라는 부모의 인식이 숨겨져 있는 경우가 많다. 다만 부모가 이를 자각하고 있는 경우는 거의 없다. 오히려 부모 자신이 옳다고 믿는 가치관이 자식에게도 유익하리라고 생각하기 때문에 이를 강요한다.

예를 들어 자식이 '좋은 학교', '좋은 회사'에 들어가기를 바라는 것은 자식의 행복을 위해서라고 생각하지만, 실제로는 자식이 '좋은 학교', '좋은 회사'에 들어가면 남들의 부러움을 사고 주변에 자식 자랑을 하며 과시할 수 있다는 기대나 타산이 숨겨져 있는 경우가 많다. 그러나 이러한 속내를 부모가 자각하고 있는 경우는 극히 드물다. 그렇기 때문에 부모의 가치관을 자식에게 강요하고 자기 마음대로 조종하려고 하는 것이겠지만, 그 결과 심신의 이상이 생겨 나를 찾아온 수많은 환자를 진찰해왔다.

나 또한 진로를 선택할 때 부모님의 가치관을 강요당했고, 그 때문에 젊은 시절을 무척 괴로워하며 보냈던 사람이다. 하지만 나의 부모님은 자신들이 옳다는 확신에 차 있었기 때문에 본인들의 가치관을 딸에게 강요했고, 그 때문에 딸이 힘들어했다고는 손톱만큼도 생각하지 않았다. 이러한 부모를 둔 자식의 고뇌를 누구보다 잘 알고 있는 나는, 이 책에서 자식을 공격하지 않고는 견디지 못하는 부모들을 예로 들어 그 심리 메커니즘을 분석해보려고 한다.

우선 1장에서는 자식을 공격하는 부모란 어떤 부모인가에 대해 사례를 소개하면서 설명한다. 2장에서는 왜 부모가 자기 자식을 공격하는 것인가를 분석하고, 그 정신구조를 밝힌다. 3장에서는 공격적인 부모가 자식에게 미치는 영향에 대해서 구체적인 예를 들면서 설명하고, 4장에서는 자식을 공격하는 부모에게 어떻게 대처해야 좋을지를 고찰한다. 마지막으로 5장에서는 자식에 대한 부모의 궁극적인 공격이라고 할 수 있는 자식살해에 대해서 설명하려고 한다. 2019년 6월, 도쿄도 네리마구에서 농림성 차관을 지낸 칠십 대 아버지가 무직으로 오랜 기간 은둔형외톨이 경향을 보여 왔던 사십 대 장남을 살해한 사건을 다루면서 이 사건의 밑바탕에 숨겨진 문제를 분석한다.

공격적인 부모로부터 자신을 지키고 싶다면, 그리고 자신이 그런 부모가 되고 싶지 않다면 꼭 읽어주기 바란다.

차례

2장
왜
자식을
공격하는가

3장
공격적인 부모가
자식에게
미치는 영향

4장
처방전

5장
자식을
죽이는
부모

1장

자식을
공격하는 부모는
어디에나 있다

자식을 공격하는 부모는
어디에나 있다.
이 장에서는
이런 부모의 사례를
소개하려고 한다.

자식을 지배하려는 부모

자식을 지배하려는 부모는 뭐든지 간섭하고 빈틈없이 지시한다. 자기 뜻대로 자식을 컨트롤하지 못하면 직성이 풀리지 않기 때문이다. 이런 부모에게는 자기 말을 항상 잘 듣는 아이가 '착한 아이'다. 반대로 말을 듣지 않는 아이는 '못된 아이'이며, 이런 '못된 아이'에게는 "말을 안 들으면…"이라는 말로 협박한다. 이 "…" 부분에는 '간식을 안 준다', '아무것도 사주지 않겠다', '아무데도 데리고 가지 않겠다' 등 가지각색의 말이 들어간다.

환자 중에 섭식장애로 통원치료를 받고 있는 이십 대 여성이 있다. 그녀는 어릴 때부터 어머니의 과보호와 간섭에 얼마나 시달렸는지 모른다고 한다.

❝ 엄마는 꼼꼼한 성격의 완벽주의자로 항상 집안을 반짝반짝하게 청소해놓으셨어요. "저런 냉동식품이랑 즉석 요리 같은 걸 식탁에 올리다니 아이들이 불쌍하다"라는 말을 입버릇처럼 하면서 하루 세 끼 식사는 물론, 간식과 도시락도 전부 직접 만든 음식으로 채우셨죠. 엄마가 손뜨개질한 스웨터와 직접 만든 여름옷도 자주 입었어요.

하지만 조금이라도 집을 어지르거나 옷을 더럽히면 갑자기 안색이 바뀌면서 "깨끗하게 치워. 엄마 말 안 들으면 고아원에 보내버릴 거야", "옷 좀 더럽히지 마. 말 안 들으면 다시는 옷 같은 건 안 사줄 거야"라고 고함을 질렀기 때문에 정말 무서웠습니다.

게다가 제 친구관계까지 참견하셨어요. 집에 친구를 데리고 오면 으레 "아버지는 무슨 일을 하시니?"라고 물었는데, 대기업에 다닌다거나 공무원이라고 하면 마음에 들어하셨어요. 하지만 대답을 제대로 못 하거나 아버지가 없는 경우엔 "걔랑은 놀지 말라"고 했습니다.

가장 놀랐던 일은 초등학교 3학년에 올라간 첫날, 집에 돌아왔더니 엄마가 "○○랑 같은 반 됐어?"라고 물으셔서 제가 "다른 반인데요"라고 대답했을 때였어요. 그 말이 떨어지자마자, "아니, 2학년 때 담임한테 ○○랑 같은 반에 넣

어달라고 그렇게 부탁했는데 안 들어줬나 보네"라고 하더니 화를 내면서 학교에 전화를 걸었습니다. 저는 엄마를 막으려고 했지만 제 말 같은 건 듣지도 않고 일방적으로 불평을 늘어놓더니 전화를 딸깍 끊어버렸어요.

○○의 아버지는 저희 아버지가 근무하는 회사의 거래처 임원이었던 것 같아요. 그러니까 엄마로서는 그 아이와 사이좋게 지내길 바랐겠지요. 하지만 ○○는 "너는 우리아빠 회사의 하청업체 딸"이라고 하면서 저를 아랫사람 취급하는 아이였어요. 그래서 사실 저는 그 아이랑 다른 반이 되어서 다행이라고 생각했거든요.

하나부터 열까지 이런 식으로 저를 엄마 마음대로 하려는 경향이 강했지만 저는 거역할 수 없었어요. 왜냐하면 제가 조금이라도 말대답을 하면 "다 너를 생각해서 하는 말인데 왜 그걸 몰라주니? 엄만 네가 조금이라도 잘못될까 봐 걱정이 돼서 견딜 수가 없어"라고 소리를 지르면서 눈물을 글썽였기 때문이에요.

특히 제가 초등 고학년 때 아버지가 집을 나가서 회사의 젊은 여직원이랑 살림을 차리면서 엄마의 속박은 한층 강해졌습니다. 보통은 중고등학교에 올라가면 친구와 보내는 시간이 길어지지만 저는 학교가 끝나면 집으로 바로 돌아오라는 강요를 받았습니다.

친구와 함께 잠깐 쇼핑센터를 구경만 해도, 음료 한 잔을 마시고 왔다는 이유만으로도 야단을 맞았어요. 게다가 "네가 그런 짓을 하면 엄마가 얼마나 괴로운지 아니? 엄마한텐 네가 세상 전부야"라며 울었습니다.

엄마는 아버지에게 "이혼하자고 하면 사내불륜이라고 회사에 다 말해버리겠다"며 단호하게 이혼을 거부했다고 합니다. 아버지에게 생활비를 받긴 했지만 실제로는 편모 가정이었어요. 엄마와 둘만의 가정에서 '네가 전부'라는 말을 들으면 뭐라 대꾸할 수가 없어 마지못해 따랐지만 숨이 막힐 것만 같은 생활이었습니다. 그러다 보니 기분전환을 위해 먹고 토하기를 반복하게 되었고 지금은 멈출 수 없게 되었습니다. "

이 여성은 체중이 20킬로그램대로 줄면서 생명까지 위험해졌기 때문에 한동안 입원해있었다. 입원 중에 어머니가 별거 중인 아버지를 병원으로 불렀다. 그래서 양친과 면담을 했는데 어머니는 딸이 보고 있는데도 "당신이 바람이나 피우고 다니니까 애가 이렇게 된 거야. 나는 아무 잘못도 안 했는데 도대체 왜 이런 일을 당해야 하는 거냐고!"라면서 아버지를 비난했다. 그러자 아버지는 "당신이 뭐든지 자기 마음대로 하려고 하니까 숨이 턱턱 막혀!"라고 맞받아서 고함을 질렀다.

물론 남편이 회사의 젊은 여자와 바람을 피우고 집을 나갔다는 점에서 이 어머니를 동정할만한 여지가 있다. 하지만 '나는 아무 잘못도 하지 않았다'라는 어머니의 주장을 그대로 받아들여도 좋을까? 딸이 "잘못될까 봐" 걱정을 했다고는 하지만 무슨 일이든 참견하고 자기 뜻대로 컨트롤하려는 엄마의 자세는 문제라고 생각한다. 이러한 과보호와 간섭이 섭식장애 증상을 일으키는 원인 중 하나라는 것은 정신의학계에서는 잘 알려진 사실이다.

더욱 냉정하게 말하면 꼼꼼한 성격으로 완벽주의자인 아내가 뭐든지 자기 마음대로 컨트롤하려는 숨 막히는 생활을 견디지 못하고 남편은 다른 여성에게 도피를 했다고 볼 수도 있다.

남편이 집을 나가자 컨트롤할 수 있는 대상은 딸뿐이었고, 그래서 전보다 더 심하게 딸을 지배하려고 했겠지만 이 어머니는 이를 자각하지 못하는 것 같았다.

자각하지 못하기 때문에 "이렇게 신경을 쓰는 데도 내 생각대로 되지 않는다"며 딸에게 화를 내고 딸의 마음에 죄책감을 심는 말을 뱉어냈다. 그 때문에 딸은 서서히 숨통이 조여 오는 것 같은 기분이 되었고, 어머니의 심리적인 속박에서 도망칠 수 없다는 무력감과 절망감에 시달렸을 것이다. 그리고 그것을 달래기 위해서 과식과 구토를 반복하는 악순환에 빠지게 되었던 것이다.

규칙을 강요하는 부모

자식에 대한 지배욕구가 강한 부모는 규칙을 만들고 그 것을 따르게 하려고 한다. 그 전형적인 사례로 보이는 것이 2008년 6월 8일, 아키하바라의 무차별 대량살인을 일으킨 사형수 가토 도모히로의 어머니이다.

가토의 어머니는 가토가 어릴 때 친구 집에 놀러 가는 것을 금지했다. 집에 친구를 부르는 것도 어머니가 특별히 허락한 한 명뿐이었다고 한다. 그래서 가토가 친구들에게 "나랑 놀았다고 하면 안 돼"라고 입막음을 했을 정도였다.

교육열이 높았던 어머니는 직접 공부를 지도했는데, 그 는 그때의 상황을 이렇게 기록해두었다.

"부모가 주위 사람들에게 자기 아들을 자랑하고 싶으니

까 완벽하게 만든 것. 내가 쓴 작문은 전부 부모의 검열을 통과한 것."

"부모가 쓴 작문으로 상을 받고, 부모가 그린 그림으로 상을 받고, 부모가 무리하게 공부를 시켜서 공부는 완벽."

'부모가 쓴 작문', '부모가 그린 그림' 그리고 '부모의 검열'에 대해서는 그의 남동생이 발표한 수기에서도 미루어 짐작할 수 있다.

  ❝ 부모가 직접 연필을 잡고 작문을 쓰고 그림을 그린 것이라고 오해될 수도 있습니다. 하지만 실제로는 작문을 쓸 때는 테마와 문장, 그림에 대해서는 역시 테마와 구도를 어머니가 지시하는 것입니다. 주어진 테마의 밑바탕에 있는 것은 '선생님의 마음에 드는 것'이었습니다. 우리는 마치 기계처럼 그에 따라 문장을 쓰고 그림을 그렸습니다. 그리고 어머니가 노렸던 대로 선생님들은 그 작문과 그림을 칭찬해 주었습니다. 또 우리 형제가 작문을 쓸 때 반드시 지켜보고 있었던 어머니는 제가 쓴 단어를 검열해서 선생님의 마음에 들 만한 단어로 고쳤습니다.

어머니는 늘 완벽한 것을 추구했습니다. 원고지에 작문을 쓸 때 한 글자라도 틀리거나 지저분한 글씨가 있으면 다시 써야 했습니다. 지우개로 지워서 수정하는 것이 아니라, 여태껏 쓴 것을 쓰레기통에 버리고 처음부터 다시 써야 했습니다. 쓰고 버리고 쓰고 버리기를 반복하다 보면 작문 하나를 완성하는데 일주일 가까이 걸리는 것이 보통이었습니다. "

어머니가 작문 지도를 할 때 '10초 규칙'이라는 것이 있었다고 한다. 형제가 작문을 쓸 때 옆에서 검열을 하던 어머니가 "이 숙어를 사용한 의도는 뭐니?" 등의 질문을 던진다. 대답을 못 하고 있으면 어머니는 "십, 구, 팔, 칠…" 하고 소리를 내서 카운트다운을 시작한다. 그리고 0이 되면 따귀를 올려붙이는 것이다. 여기에서 요구되는 것은 어머니가 원하는 답을 말하는 것이었다고 한다. 또한 어머니가 원하는 답이란 역시 '선생님의 마음에 드는 것'이었다고 한다.

작문 지도에 얽힌 '검열'과 '10초 규칙'만으로도 어머니가 얼마나 비정상적으로 교육열이 높았는지를 이야기해주고 있다. 그 외에도 형제는 가정에서 철저하게 관리되었다. 우선 원하는 것이 있을 때는 항상 어머니의 허락을 받을 필요가 있었기 때문에 마음대로 물건을 살 수 없었다. 예를 들어 책을 살 때는 어떤 책을 갖고 싶은지 설명해야 했고, 읽은 후에는 독서감상문을 써서 어머니에게 검사를 받아야만 했다. 또 텔레비전은 한 대가 있었지만 자유롭게 볼 수 없었고, 허락된 프로그램은 '도라에몽'과 '만화 일본 전래동화' 뿐이었다. 집에서 텔레비전을 거의 시청하지 않았는데 뉴스조차 보지 않았다고 한다.

이성교제에 대해서도 이상할 정도로 민감하게 반응하며 절대 허락하지 않았다. 가토가 중학생 때 집에 같은 반 여학생의 연하장이 도착했는데 '좋아해'라는 뉘앙스의 내용이 적혀 있었다. 어머니는 그 연하장을 냉장고에 붙여놓고 수치심을 주었다. 동생이 중학교 1학년 때도 여학생에게 비슷한 엽서가 도착했다. 어머니는 식사 시간에 그 엽서를 테이블 위에 탕하고 내동댕이치면서 "이성교제는 절대 안 되니까 알아서들 해"라며 쏘아붙였다고 한다.

모든 에피소드에서 어머니가 자식을 철저하게 감시하고 자신이 만든 규칙에 따르도록 하는 모습을 엿볼 수 있다. 이 정도로 지배욕구가 강했던 어머니의 태도가 가토의 정신에 심각한 영향을 주었으리라는 것은 상상하기 어렵지 않다.

물론 파견사원으로 단순 작업에 종사하고 있는 자신의 만족스럽지 못한 상황을 받아들이지 못하고 '부모 탓이다', '사회가 나쁘다' 등 책임을 전가한 가토를 옹호할 생각은 없다. 그러나 사람이 이 정도로 철저하게 관리되다 보면 자주적으로 새로운 것을 체험하고 배우려는 의지가 생기기 어렵다. 그 때문에 자기 스스로는 아무것도 할 수 없다고 생각하며 자신감을 갖지 못했다 해도 이상할 것이 없다.

당연히 분노를 느꼈을 것이며 욕구불만도 쌓였을 것이다. 배출구도 없이 가토의 가슴속에 쌓였던 이러한 분노와 욕구불만이 무차별 대량살인의 한 원인이 된 것이 아닐까.

※ 가토의 남동생은 후에 스물아홉의 나이로 자살했다.

자식의 영역을 함부로 침범하는 부모

자식에 대한 부모의 강한 지배욕구는 과도한 통제라는 형태로 나타난다. 특히 자식의 영역을 존중하지 않고 독선적인 믿음에 의거하여 마음대로 끼어드는 부모 유형이 많다. 자식에게는 무척 괴로운 일이지만 부모 쪽은 친절을 베푼다고 생각하는 경우가 많다. 당연히 죄책감 같은 것은 추호도 없다.

전에 근무했던 대학교에서 내 세미나에 소속되어 있던 여대생은 다음과 같이 털어놓았다.

❝ 저희 엄마는 제 방에 허락도 없이 들어와서 마음대로 정리를 해버리세요. 책장의 책을 다시 꽂거나 책상 위에

올려둔 자료를 다른 곳으로 옮겨버리는 일도 있어요. 그래서 저는 필요한 책이나 자료가 어디에 있는지 몰라 늘 찾으러 다녀야 해요. 제가 마음대로 정리하지 마시라고 했더니 "네 방이 하도 지저분하니까 치워 준 거야. 싫으면 네가 제대로 정리해"라고 언짢아하셨어요. 하지만 그 후로도 제가 없을 때 들어와서 마음대로 정리를 하시는 것 같아요. 학교에서 받은 프린트를 쓰레기랑 같이 버릴 때도 있어서 정말 난감해요. **"**

그녀의 어머니는 딸의 항의에도 아랑곳하지 않고 어디까지나 딸에게 좋으리라 믿고 정리를 하고 있지만 오히려 폐가 되고 있다.

비슷한 이야기를 혼자 살고 있는 20대 직장인 여성에게서도 들은 적이 있다.

" 지난주, 오랜만에 월차를 내고 집에서 쉬고 있었어요. 느긋하게 일어나서 욕조에 물을 받아 목욕을 하고 나왔더니 글쎄, 엄마가 계신 거예요. 깜짝 놀랐어요. 워낙 참견하기 좋아하는 분이라는 걸 어릴 때부터 너무 잘 알고 있었기 때문에 따로 열쇠를 드리지 않았거든요. 그런데 제가 본가에 갔을 때 제 가방에서 몰래 열쇠를 꺼내 여벌 열쇠를 만들어뒀나 봐요. 지금까지 제가 몰랐을 뿐이지 그동안 제가 회사에 갔을 때 열쇠로 마음대로 열고 들어왔던 것이지요. 제가 "엄마가 왜 여기 계세요?"라며 약간 화를 내면서 말했더니 "너야말로 평일인데 회사 안 가고 왜 집에 있어?"라고 도리어 저를 혼내시더라고요.**"**

이 어머니도 딸의 아파트에 마음대로 들어온 것에 대해 양심의 가책이나 죄책감을 전혀 갖고 있지 않은 것 같았다. 오히려 혼자 사는 딸의 안전을 지키기 위해서 가끔은 살짝 들어와서 감시하는 것이 당연하다 정도로 생각하고 있을지도 모른다.

여기서 소개한 어머니들은 양쪽 모두 지배욕구와 모자일체감이 강하다. 그래서 딸을 독립된 하나의 인격체로 존중하지 못하고 그 영역을 거리낌 없이 침범한다. 이에 대해 딸이 아무리 항의를 해도 전혀 들으려고 하지 않는 것은, 비록 피가 섞인 딸이라도 어머니가 침범하지 않았으면 하는 영역이 있다는 것에 생각이 미치지 못하기 때문일 것이다.

이런 부모에 대한 상담 요청은 꽤 많은 편이다.

"저희 부모님은 제 가방이나 책상 서랍을 뒤지세요. 공책이나 편지도 읽고요. 분명히 있었던 물건이 없어지는 것으로 봐서는 옷장 안도 마음대로 뒤지는 것 같아요."

"친구한테 빌린 만화책을 제가 학교에 간 사이에 마음대로 버리셨어요. 엄마한테 여쭤봤더니 "그런 걸 읽으면 공부할 시간이 없잖아. 그래서 너를 위해서 버렸어"라고 하시는 거예요. 용돈을 받는 것도 아니었기 때문에 물어줄 수도 없었어요. 그래서 그 친구는 그때부터 저랑 한마디도 안 했어요."

이렇게 자식의 영역을 거리낌 없이 침범하는 것은 본인의 행동이 어디까지나 옳다고 믿고 있기 때문일 것이다. 어쩌면 자신은 부모니까 이 정도는 허용된다고 믿고 있는 것일지도 모른다. 이러한 잘못된 믿음의 밑바탕에는 '자식은 부모의 소유물'이라는 인식이 숨겨져 있다.

자식의 마음보다
체면이나 겉치레가 우선인 부모

자식을 자신의 소유물로 생각하는 부모는 자식의 마음보다 체면이나 겉치레를 우선시하기 쉽다.

대학병원 의국에서 비서로 일하고 있는 30세 여성은 결혼을 승낙해주지 않는 부모님에 대한 고민을 털어놓았다.

❝ 남자친구와는 한 2년 전부터 사귀었습니다. 저보다 한 살 많은 사람인데 한 달쯤 전에 결혼하기로 마음먹었습니다. 그래서 부모님께 말씀드렸고 남자친구를 인사시키려고 했는데 그의 직업이 마음에 들지 않는다면서 안 만나겠다고 하세요.

남자친구는 제약회사의 전문 영업사원입니다. 대학병원

의사들에게 의약품을 소개하고 홍보하거나 교수에게 임상 시험을 부탁하기 위해서 의국에 자주 오다 보니 알게 되었어요. 무척 밝고 싹싹한 사람이라 영업이 잘 맞는 것 같다고 생각했습니다. 무엇보다 함께 있으면 안심이 되고 무척 의지가 됩니다. 그런 인간적인 부분에 반했지만 부모님은 이해해주지 않습니다.

직업이 마음에 들지 않는 이유는 의사가 아니기 때문입니다. 제 아버지는 페이닥터(pay doctor, 월급을 받고 일하는 의사)입니다. 할아버지는 개업의셨는데 병원은 큰아버지가 물려받았습니다. 어머니도 의사의 딸로 약사 자격증을 갖고 있어요. 친척 중에도 의사가 많이 있습니다.

이런 환경이라서 어릴 때부터 저도 의사나 약사가 되라는 말을 들었어요. 저희 집은 비정상적으로 교육에 엄격했습니다. 제가 의대 진학률이 높은 명문 중고교에 지원했다가 떨어졌을 때 "창피해서 친척들 앞에서 얼굴을 들 수가 없다"는 소리를 어머니에게 들었어요. 어쩔 수 없이 점수를 낮춰 넣었던 여대 부속학교에 들어갔고, 무시험 내부진학으로 여대에 들어갔습니다. 제가 입시에 실패한 후 부모님의 기대는 남동생에게 집중되었고, 동생은 명문 중고교에서 국립대학 의학부로 진학 후 지금은 레지던트입니다.

어머니는 "분명히 친척들이 네 결혼상대가 뭐하는 사람이냐고 물어볼 텐데 제약회사 영업사원이라니, 도저히 창피해서 말 못 해!"라고 했어요. 게다가 "비싼 돈 들여 너를 그 여대에 보낸 게 아깝다. 아버지 친구한테 부탁해서 대학병원 의국에 비서로 취직시킨 건 의사를 만나서 결혼하라고 그런 것인데 왜 그걸 몰라! 저런 집에 널 시집보내려고 지금까지 키운 게 아니야!"라고 무서운 말투로 말했습니다.

제가 무슨 말을 해도 결혼을 허락해줄 것 같지 않습니다. 부모님은 유난히 체면에 신경 쓰는 분들이라 결혼상대를 직업만으로 판단하는 것 같습니다. 저도 그걸 잘 알고 있었기 때문에 지금까지 정말 좋아하는 사람이 있어도 '좋은 대학교를 나오지 않았으니까 허락받지 못할 거야', '이 사람 직업은 부모님 마음에 들지 않겠지'라는 생각에 부모님께 말씀드리지 못하고 헤어진 일도 있습니다.

그래도 지금 이 사람은 큰 제약회사에서 일하고 있어서 인정해주실 줄 알았어요. 그런데 직업만으로 판단하니 어찌할 수가 없네요. 그래서 정신적으로 맥이 빠져서 침울한 상태인데 동생도 마찬가지인 것 같습니다.

남동생은 저와는 달리 우수한 아이라 의사가 되었지만, 정말 하고 싶었던 것은 게임이나 소프트웨어 개발이었던 것 같아요. IT관련 일에 종사하고 싶어 했는데 부모님이 허락하지 않으셨어요. 아버지는 "그런 천한 일은 절대 허락 못 한다"고 하셨고 어머니는 "우리 집에서 의사가 하나도 안 나오면 친척들이 다 비웃는다"고 말했어요.

그래서 남동생은 할 수 없이 의사가 되었습니다. 하지만 환자와 상담하는 것이 너무 힘들어서 자기가 정말 의사에 맞는 사람인지 고민하고 있나 봐요. 그래서 임상의가 아니라 기초의학 연구자가 될까 하는 생각에 아버지와 상의했더니 "기초연구 같은 걸로는 먹고살기 힘들어. 우리 친척들은 다 부자인데 창피하다"면서 반대하셨다고 하네요.

남들이 보기엔 저나 동생이 풍족한 가정에서 부러울 것 없이 자란 것처럼 보이겠지만 체면과 겉치레를 우선시하는 부모님 때문에 울적하고 답답한 매일을 보내고 있습니다. 둘이 만나면 "이런 집에서 태어나고 싶지 않았어"라고 이야기해요. "

이처럼 자식의 마음보다 체면이나 겉치레를 우선시하는 부모의 본성이 드러나는 것이 진학과 결혼이라는 고비다.

"입시에 실패했을 때 어머니가 '부끄러워서 내가 어딜 나갈 수가 없다'고 하셨어요."

"고교입시에서 공립학교에 떨어지고 사립학교에 다니게 됐는데 아버지가 '우리 집안은 모두 국공립을 다니는데 창피하다'고 하셨어요" 등의 이야기를 적지 않게 듣는다.

체면 때문에 허례허식에 집착하는 부모

결혼에 관한 사례에서는 체면을 중시하는 부모가 결혼상대를 인정해주지 않는 경우 이외에도, 결혼 자체는 허락했지만 결혼식 문제로 옥신각신하는 경우가 제법 있는 것 같다. 삼십 대 후반의 한 여성은 다음과 같은 고민을 호소했다.

“ 이 사람과 만난 것은 1년 전이었습니다. 서로 가치관이 잘 맞고 이 사람보다 더 좋은 사람은 만날 수 없을 것 같다는 생각이 들어서 결혼을 결심했습니다.

저희 둘 다 야단스러운 것을 싫어하는 성격이고 저는 마흔 가까이 되었기 때문에 순백의 웨딩드레스가 어울리는 나이도 아닙니다. 화려한 결혼식에 돈을 쓰느니 차라리 여행이나 다른 데 쓰는 것이 훨씬 낫다고 생각해요. 그래서 혼인신고만 하기로 의견이 일치되었습니다.

어머니는 결혼 자체에는 찬성하셨어요. 그런데 결혼식을 생략하겠다고 말씀드리는 순간 화를 내기 시작했어요. "나는 네가 태어나서 지금까지 30년 이상을 하나뿐인 딸의 웨딩드레스 입은 모습을 낙으로 생각하면서 살아왔는데 이게 무슨 소리냐. 게다가 결혼식을 안 한다고 하면 친척들한테 무슨 소릴 들을지 생각은 해봤니? 이제껏 네가 아직 결혼을 안 한다고 숙모들한테 얼마나 많은 소릴 들었는지 너는 모를 거다. 결혼식도 없이 살림을 시작하는 건 부모를 망신 주는 일이야"라고 하셨어요.

저는 어머니가 그 정도로 화를 낼 줄은 상상도 못 했기 때문에 무척 놀랐어요. 어차피 돈을 쓴다면 결혼식보다 더 실질적인 것에 쓰고 싶다고 말씀을 드렸습니다. 하지만 어머니는 들으려고도 하지 않으세요. 그러기는커녕 "나는 네가 웨딩드레스 입은 모습을 기대하면서 수많은 것을 희생해왔는데", "결혼식을 안 하면 세상 사람들이 제대로 된 결혼으로 인정을 안 해줘. 너희들이 손가락질 당하지 않으려면 결혼식을 제대로 해야 하지 않겠니" 등의 이야기를 몇 번이고 반복하고 있습니다.

부모님에게 자식은 저 하나예요. 그래서 "딸의 웨딩드레스 입은 모습을 보고 싶다"는 어머니의 기대를 저버리는 것은 저도 마음이 아파요. 하지만 마치 부모님의 체면 때문에 결혼식을 올리라고 하는 것처럼도 들립니다. 무엇보다도 당사자들이 결혼식을 원하지 않는데 부모님 때문에 올려야 한다는 것에 저항감이 듭니다. 정말 어떻게 해야 좋을지 고민됩니다. "

이 여성의 이야기 속에는 어머니가 자주 사용하는 두 가지의 상투적인 말이 등장한다. 하나는 "너를 위해서 많은 것을 희생해왔다"라는 말이다.

확실히 자식을 키우는 것은 힘든 일이다. 특히 어머니는 상당한 시간과 비용을 들여서 자식을 키운다. 젖을 물리고 기저귀를 갈고 식사를 준비하고 일상의 잡다한 것들을 돌본 것이다. 불임치료로 고생을 한 어머니도 있을 것이고 출산과 육아를 위해서 하던 일을 그만둔 어머니도 있을지 모른다. 유아기를 지나도 고생은 끝나지 않는다. 일상생활의 돌봄부터 학비 마련까지 어머니가 여러 가지로 애를 써온 것이다.

그러니까 어머니의 "너를 위해서 많은 것을 희생해왔다"

라는 말은 결코 거짓이 아니다. 하지만 그것을 특별히 강조하는 것은 자식의 마음에 "이렇게까지 해준 엄마를 배신하는 것은 죄를 짓는 것 같다"라는 죄책감을 불러일으키기 위해서라고 의심할 수밖에 없다.

물론 그러한 의도를 자각하고 있는 어머니는 많지 않다. 출산 후에 자궁을 적출할 수밖에 없었다든지, 산후우울증에 걸렸었다는 이야기를 하는 어머니도 있다. 어쩌면 자식을 위해서 건강을 희생한 이야기를 꺼내서 자식이 죄책감을 느끼게 하려는 것인지도 모른다.

또 하나의 상투적인 문구는 "내가 아니라 너를 위해서 그러는 거야"라는 말이다.

사실은 성대한 결혼식을 통해 "나는 딸을 이렇게 훌륭하게 키웠다"라고 자랑하고 친척들에게 인정받고 싶다는 생각을 했더라도 어머니는 본인의 맘속에 과시욕과 인정욕구가 있다는 것을 인정하고 싶지는 않은 것이다.

자식에게 조건 없는 사랑을 주는 것이 좋은 엄마라는 '신화'가 있기 때문에, 자신의 이기적인 욕망으로 딸에게 결혼식을 올리라고 한다면 나쁜 엄마가 되기 때문이다. 하지만 자신이 나쁜 엄마라고는 결코 인정하고 싶지 않으므로 "결혼식을 올리는 것은 딸을 위해서다"라고 믿어버리고 자신의 욕망에서 시선을 돌리려고 한다.

결국 자기기만이다. 사실은 과시욕과 인정욕구 때문이지만, 이 자기기만에 의해 "이게 다 자식을 위한 것이다"라고 굳게 믿는 것이다.

더구나 '자식의 행복 = 엄마의 행복'이라고 믿어 의심치 않는다. 뱃속에서 10개월간 자식을 키운 어머니에게 있어서 자식은 자신의 분신이며 '자식의 행복 = 엄마의 행복'으로 생각하는 것도 무리는 아니다. 하지만 자식이 성장해감에 따라서 아이의 행복이 엄마의 행복과 반드시 일치하는 것은 아니다.

이것은 당연한 것이다. 언제까지라도 자식이 곁에 있으면서 자신을 필요로 하는 것이 행복이라고 생각하는 어머니는 자식의 자립을 방해하고, 더 나아가서는 행복을 방해하는 존재가 될 수도 있다. 그 위험성을 인식하지 못하는 어머니일수록 본인이 좋다고 생각하는 것이 자식에게도 분명히 좋을 것이라고 믿고 자신의 가치관을 아무렇지도 않게 아이에게 강요한다.

이런 어머니는 "너를 위해서 많은 것을 희생해왔다", "내가 아니라 너를 위해서 그러는 거야"라는 상투적인 말 이외에도 다음과 같은 말을 자주 한다.

"언젠가는 너도 이 엄마 말이 다 옳았다는 것을 알게 될 거야."

"네가 ~되는 것만이 엄마 삶의 보람이야."

이런 식의 말을 들으면 어머니가 자신의 가치관을 강요하고 자식을 마음대로 움직이려고 하는 것이 아닌지 경계해야 한다.

결혼을 강요하는 부모

　자신의 가치관을 강요한다는 점에서는 '결혼하는 것이 당연하다'라는 가치관을 한 치의 의심 없이 자식에게 강요하며 결혼을 독촉하는 부모도 마찬가지다. 그 때문에 심신에 이상이 생기는 자식도 있다.

　내가 정기적으로 심리상담을 나가는 금융기관에서 삼십 대 독신 여성이 다음과 같은 고민을 털어놓았다.

　❝ 부모님이 사시는 곳은 오사카 근교의 지방도시입니다. 그 지역은 아직도 여자는 어릴 때 결혼해서 자식을 낳는 것이 당연하다는 분위기가 있습니다. 저희 어머니도 그런 생각에 젖어 있는 사람 중 하나에요.

제가 서른을 넘겼을 때 사촌언니와 어머니 친구의 자식들이 연달아 결혼을 했습니다. 그때부터 저희 어머니의 "왜 빨리 결혼을 안 하니? 주변 사람들 모두 가정을 가지고 있어!"라는 압박이 시작됐어요.

사실 저는 결혼할 생각이 없습니다. 그 원인은 어머니 때문이에요. 어머니는 전업주부인데 "나한테 경제력만 있었으면 네 아빠 같은 사람이랑은 당장 이혼하는 건데"라고 푸념만 늘어놓았거든요. 그 모습을 보고 자라면서 결혼 같은 건 하지 말고 계속 일하면서 혼자 사는 것이 더 나은 삶이라고 생각하게 되었습니다. 하지만 "엄마처럼 되기 싫어서 결혼 안 해"라고 속마음을 말해버리면 어머니가 상처받을 것은 불 보듯 뻔합니다. 그래서 약간의 거리를 두려고 독립해서 혼자 살기 시작한 것입니다.

그랬더니 이제 전화를 해서 결혼하라고 강요하세요. 그럴 때마다 갑자기 머리가 아파지기 시작합니다. 어머니와 완전히 연을 끊고 싶다고 생각한 적도 있지만 현실적으로 무리입니다. 앞으로 어머니와 어떤 식으로 지내야 좋을지 고민하고 있어요. "

이 여성의 어머니는 결혼생활에 불만을 느끼고 있었다.

그런데도 딸에게는 빨리 결혼을 하라며 권한다. 언뜻 보기엔 모순되지만 이런 경우는 흔하다. 그 배경에는 '내 인생은 옳았다'라고 생각하고 싶은 마음, 다시 말해 자기정당화에 대한 욕망이 숨겨져 있다.

이러한 자기정당화의 욕망은 많든 적든 누구에게나 있다. 부모가 자기 직업에 불만이 있으면서도 자식이 뒤를 이어주기 바란다든지, 자신과 같은 직업에 종사해주길 원하는 것은 이 욕망에 의한 것이다.

'내 인생은 옳았다'라고 생각하고 싶은 것이 인간이며, 이 여성의 어머니도 불평은 늘어놓았지만 결혼해서 자식을 키워온 지금까지의 생활을 전부 부정하고 싶지는 않을 것이다. 그렇기 때문에 딸이 결혼해서 가정을 이루길 바라면서 끈질기게 전화를 걸어 결혼을 강요하는 것이다.

문제는 딸이 결혼하지 않으려는 원인을 제공한 것이 바로 자신인데 전혀 자각하지 못한다는 것이다. 이러한 어머니의 이야기는 적지 않게 들을 수 있다. 환자 중에 사십 대 공무원인 남성이 다음과 같은 이야기를 털어놓았다.

    ❝ 어머니는 제가 아직 결혼을 안 한 것이 남 보기 부끄럽다고 생각하시는지 요즘 지인이나 친척들에게 젊은 여

성을 소개해달라고 하시는 것 같습니다. 왜 꼭 젊은 여성이어야 하냐면 뒤를 이을 자식을 낳아야 하기 때문이라고 하십니다.

하지만 저는 이제 결혼할 생각이 없습니다. 지금까지 어머니가 심하게 결혼을 방해해왔기 때문에 아내 될 사람이 얼마나 힘들어질지 알기 때문입니다. 그동안 사귀는 여자마다 온갖 듣기 싫은 소리를 해서 결국은 헤어지게 만들었어요.

공무원이 되어서 진지하게 결혼까지 생각했던 동료가 있었지만 어머니가 "일을 그만두고 전업주부로 있으면 좋겠다", "우리랑 함께 살지 않으면 절대 안 된다"라는 요구를 했습니다. 그 여성은 겁에 질려서 "저런 시어머니는 받아들일 자신이 없다"라며 이별을 원했고 다른 사람과 결혼해버렸습니다.

혹시 누가 젊은 여성을 소개해준다고 해도 어머니가 이것저것 트집을 잡을 게 분명합니다. 그런데도 제가 결혼을 안 한다며 불평을 늘어놓고 빨리 결혼하라고 잔소리를 해서 괴롭습니다. "

이 남성의 어머니는 입으로는 아들에게 빨리 결혼하라

고 하지만 속마음은 아들이 결혼하면 자신에게서 멀어질까 봐 불안한 것으로 보인다. 그러니까 아들의 결혼을 방해하는 행동만 골라 하면서도 자각하지 못하는 것이다. 이처럼 자식의 행복을 방해하면서 그것을 깨닫지 못하는 부모가 가장 골칫거리다.

돈으로 지배하려는 부모

자식에 대한 지배욕구가 강한 부모는 대뜸 돈 이야기를 꺼내는 경우가 많다. "누가 너에게 돈을 주는지 알고 있느냐", "누가 먹여주고 입혀준다고 생각하느냐"라는 말로 자식의 말대답을 막으려고 한다.

이러한 부모의 주장은 어느 의미에서는 맞는 말이다. 음식과 옷을 비롯해 필요한 모든 것을 자식에게 제공하는 것은 분명 부모이므로. 하지만 부모에게는 자식을 양육할 의무가 있다. 또한 자식은 돈을 벌 수 없기 때문에 경제적으로 부모에게 의존할 수밖에 없다. 그런데도 대뜸 돈 이야기를 해서 생색을 내는 것은 자식 입장에서는 공격 이외의 아무것도 아닐 것이다.

나 또한 입만 벙긋하면 돈 이야기를 꺼내는 부모 때문에 어릴 때부터 괴로웠다. 4~5살 때부터 피아노를 배웠는데 내가 원하던 것이 아니었다. 대학 시절에 오케스트라에서 바이올린을 연주했다며 자칭 "모차르트 광"이라는 자부심을 갖고 있던 아버지가 원해서 배운 것이다. 하지만 나는 내게 재능이 없다는 것을 잘 알고 있었고 제대로 연습도 안 했기 때문에 일주일에 한 번인 레슨 날이 싫어서 미칠 것 같았다.

당연히 실력은 늘지 않았고 피아노 선생님에게 자주 혼이 났다. 피아노 레슨 날엔 아버지가 차로 데리러 오셨는데, 집으로 가는 차 안에서 "비싼 돈 주고 가르치는데 전혀 발전이 없네. 돈이 아깝다"는 말을 듣고 무척 상처를 받았다.

아버지는 비싼 레슨비를 내고 있으니까 좀 더 열심히 연습하라고 나를 북돋아 줄 마음으로 말한 것일지도 모른다. 하지만 돈 이야기를 꺼냈기 때문에 나에게는 그 돈에 상응하는 가치가 없다고 말한 것처럼 느껴졌다. 요즘 말로 하면 '가성비가 나쁘다'고 혼나는 기분이었던 것 같다.

더구나 내가 원해서 피아노를 배우는 것도 아니고 부모가 원해서 배웠기 때문에 '내가 왜 이런 말을 들어야 하는 거야'라고 화가 났던 것을 지금도 기억하고 있다.

진로 선택 때도 부모님에게 돈 이야기를 들었다. 나는 문학부에 진학해서 신문기자나 작가가 되고 싶다는 꿈을 갖고 있었지만 부모님은 절대 허락하지 않았다. "의사가 되라"는 말로만 일관하며 "문학 따위 공부해봐야 한 푼어치의 가치도 없어"라고 맹렬하게 반대했다.

아버지도 어머니도 의사가 아니다. 물려받아야 할 진료소나 병원이 있는 것도 아니었다. 그런데도 부모님이 내게 의사가 되라며 고집을 부린 것은 두 가지 이유가 있었다고 생각한다. 하나는 경제적인 이유다. 시골에서는 부자라고 하면 의사 정도밖에 없었기 때문에 의사가 되어 개업을 하고 돈을 척척 벌었으면 좋겠다고 생각했을 것이다.

또 하나의 이유로 생각되는 것은 아버지의 형(나에게는 숙부)에게 보란 듯이 성공한 것을 보여주고 싶다는 소원이다. 아버지는 어릴 때는 우수했지만 취업한 회사가 도산한 탓에 시골의 본가로 돌아와 작은 회사에 다니면서 우울한 나날을 보내고 있었다. 한편 숙부는 도시의 대기업에서 일하면서 부유한 생활을 하고 있었다. 그래서 아버지에게는 숙부에 대한 선망과 콤플렉스가 있었던 것 같다. 거기에 박차를 가한 것은 함께 살고 있던 할머니였는데, 늘 아빠와 숙부를 비교하면서 "역시 큰 회사에서 일하는 게 좋긴 좋네"라고 입버릇처럼 말했었다.

그런 아버지에게 천재일우라고 말할 수 있는 패자부활의 찬스가 왔다. 숙부의 아들이 국립대학 의학부에 시험을 쳤지만 삼수를 했는데도 떨어졌던 것이다. 사립대학 의학부에는 합격했지만 회사원인 숙부에게는 학비가 무리라서 포기할 수밖에 없었고, 결국 이공계 학부로 진학했다.

이때부터 부모님이 나에게 의대 시험을 권하기 시작했다는 것을 생각해보면, 사촌오빠가 이루지 못했던 의학부 입학의 꿈을 딸에게 실현시켜서 숙부의 코를 납작하게 해주고 싶다는 욕망을 품었을 가능성이 높다. 어머니도 같은 욕망을 품은 이유는 명문가 출신이었던 숙모와 사사건건 비교하는 할머니 탓에 콤플렉스에 시달렸기 때문일 것이다.

이상의 이유로 부모님은 나의 의대 진학을 간절히 원했다. 내가 문학부에 진학하고 싶다는 희망을 전해도 들을 생각도 하지 않았다. 마지막에는 "의대에 가지 않으면 학비를 주지 않겠다"고 하셨고, 결국 나는 의대 합격을 목표로 입시를 준비했다.

이과반에 들어가서 열심히 공부해서 의대 입학시험을 보았고 무사히 합격했다. 하지만 합격통지서가 도착했을 때도 어머니의 한 마디 때문에 뒤통수를 한 대 얻어맞은 듯한 충격을 받았다. 어머니가 만면에 웃음을 머금고 "이제 우리 집도 돈줄이 생겼네"라고 한 것이다.

아마 자기도 모르게 진심이 새어 나온 말일 것이다. 의학부에 합격한 나는 어머니에게 있어서 "돈줄"이 된 것인가라는 생각이 들면서 합격의 기쁨이 깨끗이 사라진 느낌이었다. 졸업하고 의사가 된 후, 어머니가 나 몰래 병원을 개업할만한 땅을 찾으러 다닌다는 이야기를 할머니에게서 들었다.

어머니와 할머니는 전형적인 고부관계로 사이가 나빴기 때문에 할머니는 늘 어머니의 욕을 했다. 그래서 할머니가 어머니에 대해 하는 말은 적당히 무시하며 들었지만 친척에게 확인한 결과 그 이야기는 사실이었다. 나는 등골이 오싹해졌다. 그런 사정으로 나는 개업하지 않고 현재에 이르렀다. 나를 "돈줄"로 생각한 어머니에 대한 소소한 저항이었다.

나의 부모님처럼 학비를 주지 않겠다고 협박해서 자식을 조종하려는 부모의 이야기를 자주 듣는다. 알고 지내는 의사는 다음과 같은 이야기를 들려주었다.

❝ 아버지가 개업의였기 때문에 유일한 아들인 내가 병

원을 이어받는 것이 당연하게 생각되었다. 그러려면 의사가 되어야만 했지만 나는 사실 영화감독이 되고 싶었다. 그래서 영화학과가 있는 대학에 진학하고 싶었다. 하지만 그렇게 말했더니 아버지는 "너는 도대체 무슨 생각을 하고 있는 거냐. 우리 집은 삼 대째 의사 집안이야. 의사의 아들이 의사가 되는 것은 당연한 일 아니냐. 영화학과 같은 한심한 곳에 간다면 학비는 못 준다"라고 말씀하셨다. 확실히 영화학과는 의학부만큼 점수가 높은 곳은 아니지만 나는 진지하게 영화를 배우고 싶었다. 하지만 학비를 주지 않겠다는 말을 들으니 어쩔 수 없었다. 그래서 의대 시험을 봤다."

그는 의대에 가서도 시나리오작법 강좌에 등록하기도 했지만 공부와 실습으로 바빠져서 중단했다고 한다. 결국 의사가 되었고 영화감독의 꿈은 이루지 못했다. 현재는 다른 병원에서 근무하고 있지만 고령의 아버지가 "슬슬 돌아와서 병원을 물려받으라"고 하는 것 같다.

이 의사도 그렇지만 학비를 주지 않겠다는 말을 들으면 자식으로서는 부모의 뜻에 따르는 수밖에 없다. '너무 나약한 것 아닌가? 부모에게 기대지 않고 장학금과 아르바이트로 대학에 다니면 되잖아'라는 의견도 있겠지만, 집을 나와 부모의 도움 없이 대학 학비와 교재비, 생활비와 집세 등을 마련하는 것은 실제로는 무척 어려운 일이다.

그렇기 때문에 학비를 주지 않겠다는 부모의 협박이 통하는 것이리라. 그렇게 어쩔 수 없이 부모의 의향에 따랐기 때문에 '내 인생은 이대로 괜찮은 것일까'라는 고민을 하는 의사가 내 주위에는 적지 않았다. 전에는 나 자신도 그랬기 때문에 어쩌면 유유상종일지도 모르겠지만 말이다.

자식에게 폭언을 하는 부모

어릴 때 부모에게 심한 욕을 들으며 자라서 그것이 트라우마가 되었다는 이야기도 자주 듣는다. 삼십 대 싱글맘인 여성은 "욱하면 나를 억제하지 못하고 아이에게 고함을 지르고 만다. 손이 나갈 때도 있다. 이러다가 아이를 학대하게 되는 것이 아닐까 불안하다"라고 보육교사에게 상담을 했고, 그분의 권유로 나에게 외래 진료를 받았다. 이 여성은 다음과 같이 호소했다.

" 저희 어머니는 뭔가 자기 마음에 들지 않는 일이 생기면 바로 짜증을 내면서 저에게 고함을 지르는 사람이었습니다. 아주 작은 일로 다른 사람처럼 변해서 화를 냈기 때문에 저는 늘 무서워서 흠칫흠칫 엄마의 안색만 살피면서 살았어요.

예를 들어 제가 엄마 말을 듣지 않으면 "짜증나니까 나가 버려"라고 히스테릭하게 말하고는 교과서와 책가방을 베란다 밖으로 던져버렸습니다. 조금이라도 말대꾸를 하면 "어디서 어린 것이 부모한테 기어올라?", "너 같은 건 없어지는 게 속 편해"라고 소리를 질렀기 때문에 반항 한 번 못 했어요.

또 엄마는 교육에 열성이었는데, 어릴 때 텔레비전으로 볼 수 있었던 것은 뉴스 정도가 전부였어요. 가요프로나 개그프로를 보고 있으면 "이런 쓸데없는 걸 왜 보고 있니"라면서 바로 꺼버리셨어요. 학교 성적이 나쁘면 심하게 야단을 맞았고요. 중학교 지필고사 때 성적이 떨어졌는데 엄마가 던진 두꺼운 참고서에 이마를 맞아 피가 난 적도 있습니다.

그 뒤 20년 넘게 지났고 저도 엄마가 되었습니다. 하지만 남편이 갑자기 일하던 회사를 그만두고 음식점을 차렸는데 잘 되지 않았어요. 그러다가 빚을 지게 되어 이혼했습니다.

그 이야기를 하러 본가에 갔더니 "그러니까 너는 안된다는 거야. 남편이 빚을 져서 이혼하다니 참 꼴좋다, 좋아. 우리 친척 중에 이혼한 사람이 하나라도 있니? 남자 보는 눈이 그렇게 없으니까 이 꼴로 사는 거야. 빚쟁이들이 우리 집까지 찾아오지 않게 해라"라며 화를 내셨습니다.

그 이후 본가에는 다시 가지 않았고 지금은 거의 의절한 상태입니다. 헤어진 남편에게 위자료도 양육비도 받을 수 없었기 때문에 아이를 어린이집에 맡기고 일하고 있습니다. 본가로 돌아가서 육아 도움을 받으라는 사람들도 있지만 어머니에게 무슨 말을 들을지 뻔히 알고 있기 때문에 그건 절대 싫어요.

지금은 어머니의 고함소리를 듣지 않고 살 수 있지만 이젠 제가 두 아들에게 거의 매일 소리를 질러요. 어질러놓고 정리를 안 했거나 제 말을 안 들을 때 등, 이유는 여러 가지지만 제 고함소리를 듣고 '아, 나도 엄마와 똑같네'라는 생각이 들어서 무서워졌어요. "

이처럼 자식에게 폭언을 하는 부모는 감정 컨트롤이 안되는 경우가 많다. 부모니까 자식에게 무슨 말을 해도 괜찮다고 착각하고 있어서 그러한 폭언이 얼마나 자식에게 상처를 주는지 상상력을 발휘하지 못한다. 그러므로 믿을 수 없을 정도의 심한 말로 자식을 야단친다.

"너 같은 건 낳지 말 걸 그랬어."

"네가 없었으면 엄마는 아빠랑 이혼해서 행복해질 수 있었는데."

"대체 뭐 하는 거야. 이런 짓을 하다니 너 정말 바보 아니니?"

"너같이 아무짝에도 쓸모없는 인간은 죽어야 해."

게다가 이런 폭언을 들으며 자란 아이는 성장해서 부모가 되었을 때 같은 말로 자기 자식에게 상처를 주는 일이 많다. 이렇게 언어폭력에 의한 심리적 학대가 대물림되는 것이다.

자식에게 필요한 것을 주지 않는 부모

아이에게 필요한 것을 공급해주지 않는 부모도 있다. 가장 심각한 것은 생존에 불가결한 음식을 주지 않는 부모로, 이러한 부모 밑에서 자란 환자 이야기를 적지 않게 듣는다.

공황장애로 통원치료 중인 이십 대 남성은 자신의 성장 과정을 다음과 같이 이야기했다.

❝ 저는 편모가정에서 자랐습니다. 아버지는 제가 초등학교 저학년 때 도박으로 빚을 지고 집을 나가버렸습니다. 아버지가 사라진 후 한동안 빚쟁이들이 집에 찾아와서 무서웠던 기억이 있습니다.

그 후 엄마는 온종일 술을 마시기 시작했습니다. 요리도 세탁도 청소도 하지 않았습니다. 집에 먹을 것이 없어서 급식으로 하루에 한 끼를 해결하면서 굶주림을 견뎌냈습니다. 제 사정을 안타깝게 여긴 담임선생님이 남은 빵을 싸주셨지만 집에 돌아가다가 저를 괴롭히던 아이에게 빵을 빼앗긴 적도 있어요. 그 아이는 빵을 바닥에 내던지더니 발로 밟아버렸습니다. 또 늘 같은 옷을 입는데다가 빨래도 해주지 않았기 때문에 냄새가 난다면서 따돌림을 당했습니다.

보다 못한 이웃분이 민생위원에게 이야기를 해줘서 생활보장을 받을 수 있게 되었지만, 엄마는 변함없이 술에 취한 채 요리도 전혀 하지 않았습니다. 그래서 제가 돈을 받아 슈퍼에 가서 빵이나 컵라면을 직접 사 먹었습니다.

중학생이 되고서는 제가 음식을 만들었습니다. 쌀이나 채소 등을 사 와서 최소한의 밥과 된장국만으로 차렸습니다. 하지만 엄마는 그것도 드시지 않고 늘 술만 마셨습니다. 그런 생활을 하는데 몸이 안 망가지는 것이 이상할 것입니다. 결국 제가 고등학교 때 간경화로 인한 식도정맥류 파열로 피를 토하고 돌아가셨습니다. 그때의 광경을 떠올릴 때마다 가슴이 두근두근하고 숨쉬기가 힘들어지면서 이대로 죽는 게 아닐까 하는 불안에 사로잡힙니다. "

처절한 체험이다. 이 남성의 어머니는 알코올의존증으로 육아 방치가 당연한 가정에서 자랐기 때문에 음식을 스스로 조달할 수밖에 없었던 것이다.

이 어머니는 명백하게 신체적으로도 정신적으로도 병들어 있었고 빈곤 가정이었다. 그러나 부모가 병에 걸린 것도 아니고 가정이 가난한 것도 아닌데 자식에게 필요한 것을 주지 않는 부모 이야기도 자주 듣는다.

여성들에게 많이 듣는 것 중 하나는 브래지어를 사주지 않았다는 이야기다. 사실 나도 중학생 때 부모님이 브래지어를 사주지 않아서 친구에게 "어떤 남자가 네 블라우스로 가슴이 비쳐 보이는 걸 보면서 실실 웃고 있었다"는 말을 듣고 당황해서 내 용돈으로 구입했던 쓸쓸한 기억이 있다.

정신과의사가 되고 난 후 여성 환자들에게서 "브래지어를 사주지 않아서 창피한 경험을 했다"라는 이야기를 들을 기회가 적잖이 있었다. 또 섭식장애를 앓고 있는 딸의 어머니가 "중학생 때 브래지어를 사주지 않았다고 딸이 계속 원망을 해서 힘든 상황이다"라며 상담을 요청한 일도 있다.

이상의 이야기에서 브래지어를 사주지 않는 부모, 그리고 그런 부모 탓에 부끄러운 경험을 하고 어른이 되어서도 부모를 원망하는 딸이 제법 있는 것으로 보인다. 이것은 딸

이 여자로서 성숙한 신체를 갖게 된 것을 받아들일 수 없는
부모가 많기 때문인 것으로 추측된다.

형제자매를 차별하는 부모

필요한 것을 주지 않는 처사를 형제자매 중 누군가 한 명에게만 하는 부모도 있다. 예를 들면 다음과 같은 이야기를 들은 적이 있다.

"저는 엄마가 도시락을 싸준 적이 한 번도 없었지만 동생들은 만들어주셨어요."

"아버지가 출장 가시고 집에 안 계실 때였는데 식탁에 엄마와 남동생 밥만 차려져 있었어요."

"형은 학원에 다녔지만 저는 아무 데도 안 보내주고 학교에서 돌아오면 바로 집안일을 도우라고 했어요."

이렇게 형제자매를 차별하는 것은 아이의 마음에 상처를 입히고 두고두고 화근을 남기는 원인이 된다. 그 전형적인 예로 보이는 것이 2018년 6월, 주행 중인 신칸센 차내에서 남녀 3인을 날카로운 흉기로 습격해서 남성 한 명을 살해하고 현행범으로 체포된 당시 23세의 고지마 이치로이다.

고지마는 범행동기에 대해서 "감옥에 들어가고 싶었다. 무기징역을 노리고 있었다", "누구라도 상관없으니까 죽이자고 생각했다"고 진술했다. 왜 이런 말도 안 되는 동기로 범행을 저질렀는지 이해하기 어렵지만, 범행에 이르기까지 고지마의 인생을 되돌아보면 그의 마음속에 풀리지 않고 있던 부모에 대한 분노와 욕구불만을 볼 수 있다.

“ 고지마는 6살 때 어린이집에서 발달장애의 일종인 아스퍼거증후군이 의심되니 검사를 받아보라는 권유를 받았다. 하지만 그의 어머니는 "그런 거 크면 다 낫는다"면서 병원에 데리고 가지 않은 채 방치했다. 15살 때 고지마가 스스로 병원에 가려고 했지만 약값이 비싸다는 이유로 돈을 주지 않았다고 한다.

결국은 결정적이라고도 할 수 있는 소동이 벌어진다. 중학교 2학년 신학기에 어머니가 누나에게는 새 물병을 사줬지만 고지마에게는 남에게 얻어 온 물병을 주었는데, 그날 한밤중에 부모님의 침실로 들어가서 식칼과 쇠망치를 내

던졌다. 고지마는 급히 출동한 경찰관에게 "새 물통을 받은 누나랑 차별하는 것에 화가 났다"라고 말했다고 한다. (《주간문춘》 2018년 6월 21일호)**"**

물통을 둘러싼 불만은 빙산의 일각에 불과한 것이고, 이러한 차별을 고지마는 평소부터 느끼고 있지 않았을까. 이 소동을 계기로 고지마는 자립지원시설에서 생활하게 되었고, 이 시설에서 고등학교에 다니다가 직업훈련 학교로 진학했던 것 같다. 감수성이 예민한 사춘기 시절 5년간 시설에서 집단생활을 할 수밖에 없었던 일로 부모에게 버려졌다고 느꼈을 가능성도 충분히 생각해볼 수 있다.

물론 모든 것을 부모의 탓으로 돌리려는 것은 아니다. 하지만 고지마가 늘 느끼고 있던 누나와의 차별이 피해의식을 낳고, 이로 인한 분노와 욕구불만이 범행의 배경에 있었다는 것은 부정하기 어렵다.

'애착 아이'를 자주 바꾸는 부모

고지마의 부모는 누나에게는 아낌없이 주었지만 고지마에게는 사랑도 주지 않고 돈도 쓰지 않았던 것으로 보인다. 이렇게 부모가 형제자매를 차별할 경우, 인터넷상의 속어로 전자를 '애착 아이', 후자를 '착취 아이'라고 부른다는 것을 최근에 알았다.

내원한 환자에게 "저는 계속 '착취 아이'였기 때문에 부모님을 미워하고 있는데, 그 일에 대해서 부모님에게 아무 말도 못 하겠어요. 그래서 미칠 것처럼 괴롭습니다. 어떻게 하면 좋을까요?"라는 상담을 받은 적도 있다. 정신과의사로서의 임상경험을 통해서 볼 때도 '애착 아이'와 '착취 아이'라는 대비는 적당하다고 생각하지만 '애착 아이'라고 해서 꼭 행복하다고 할 수는 없다.

문제는 쉽게 '애착 아이'를 바꾸는 부모다. 이러한 부모 밑에서 자라면서 자신은 '착취 아이'니까 어쩔 수 없다고 나름대로 안정을 찾고 있었는데 '애착 아이'였던 형제자매가 부모가 원하는 대로 되지 않자 부모의 관심이 갑자기 자신을 향하게 되어 당혹스러워하는 경우도 볼 수 있다.

부모와 함께 사는 한 이십 대 여성이 "세 살 많은 언니가 결혼한 이후 엄마의 관심이 갑자기 저를 향하게 되면서 숨쉬기가 힘들어졌다"고 호소하면서 그 이유에 대해서 다음과 같이 설명해주었다.

  ❝ 언니는 어릴 때부터 성적이 좋았고 반장을 하는 등 여러 방면에서 활약했습니다. 부모님의 기대도 아주 컸다고 생각해요. 한편 저는 성적도 중간 정도고 학교에서도 눈에 잘 띄지 않는 타입입니다.

학원이나 피아노교실에 다닐 때도 언니는 항상 수업료가 비싼 레슨을 받았고 저는 저렴한 코스를 다녔어요. 옷이나 장난감도 언니에게 물려받은 것이 많았던 기억이 있습니다.

특히 초등학교 학부모 참관수업 때의 일이 잊히지 않습

니다. 그날 저는 엄마가 수업 참관을 하러 학교에 오신 모습을 보았어요. 그런데 아무리 기다려도 저희 교실에는 한 번도 오지 않으셨어요. 아마 언니 수업을 보느라고 저에겐 들를 시간이 없었기 때문이겠지요. 어린 마음에 상당한 충격이었습니다.

언니는 대학을 졸업하고 일류기업에 취직했어요. 엄마는 친척들에게 전화를 걸어서 얼마나 자랑을 하셨는지 몰라요. 저도 대학을 나와서 나름대로 이름이 알려진 기업에 취직했지만 엄마의 관심은 오로지 언니였습니다.

상황이 바뀐 것은 작년이었습니다. 언니가 갑자기 말레이시아 남성을 집에 데리고 와서 결혼하고 싶다고 했습니다. 아버지도 반대는 하셨지만 엄마의 반대는 아버지와는 비교할 수 없을 정도로 무시무시한 것이었습니다. 두 사람을 향해서 고함을 지르고 물건을 내던지더니 마지막에는 오열을 했어요.

엄마는 끝까지 언니의 결혼을 허락하지 않았습니다. 언니는 집을 나가서 그 말레이시아 남성과 결혼을 했습니다. 저와는 가끔 메일을 주고받지만 지금도 엄마에게는 거의 연락하지 않는 것 같아요.

그러자 갑자기 엄마의 관심이 저를 향하게 되었어요. 함께 쇼핑을 나가면 비싼 옷이나 물건을 사주는 거예요. 또 지난번에는 엄마가 교습비를 줄 테니 요리교실에 다니지 않겠냐고 하시더라고요.

엄마가 저를 소중하게 대해주는 것은 무척 기뻐요. 그 반면 저는 갑자기 숨쉬기 힘들어질 때가 있어요. 언니가 결혼하기 전까지는 저를 없는 사람 취급했거든요. 그런 엄마, 수업 참관일에 제 교실에는 잠깐도 얼굴을 비추지 않았던 엄마에 대한 분노가 치밀어 오릅니다.

그래서 어머니에게 "이제 와서 뭐 하는 거예요! 지금까지 나한테 어떻게 했는지 기억해요? 내가 얼마나 상처받았는지 알기나 하냐고요? 제대로 사과하라고요"라고 소리치고 싶습니다. "

이 어머니에게 언니는 '애착 아이', 여동생은 '착취 아이'였던 것으로 보인다. 하지만 언니의 결혼을 계기로 어머니는 동생을 '애착 아이'로 바꾼 것 같다. 이 어머니에게 있어서 중요한 것은 육아의 성공을 실감할 수 있고 우월감을 느낄 수 있는 자식을 갖는 것이었기 때문이리라.

지금까지는 언니가 어머니의 가정교육이나 교육방식이 훌륭하다는 것을 나타내는 살아있는 증인이었지만 말레이

시아인과 결혼하면서 어머니가 생각하는 이상형에서 벗어나 버렸고, 어떤 의미에서는 '어쩔 수 없이' 여동생을 '애착아이'로 삼아 비싼 옷을 사주거나 요리교실에 다니라고 권유하게 된 것이다. 아마도 여동생의 여성적 매력을 갈고 닦아서 어머니의 눈에 차는 남성과 결혼시키고 과시하고 싶은 마음이 숨어 있을 것이다.

'애착 아이'를 돕기 위해서
'착취 아이'를 이용하는 부모

이 여성의 경우 '애착 아이'였던 언니가 부모의 기대 대상에서 제외되었고 경제적으로도 자립한 상태이기 때문에 부모에게서 언니를 경제적으로 도우라는 요구를 받을 일은 없다. 하지만 '애착 아이'가 경제적으로 자립은커녕 빈곤한 상태일 경우, 부모가 '착취 아이'에게 경제적 도움을 요청하는 일도 있다.

삼십 대 회사원인 한 남성은 고학력이지만 무직인 형에 대해서 다음과 같은 넋두리를 했다.

❝ 저에겐 두 살 위인 형이 있습니다. 형은 우수한 사람이라 명문 중고교에서 도쿄의 명문 사립대로 진학했습니다.

그 후, 국립대학 대학원까지 진학하였고 박사과정을 마치고 박사학위를 취득했습니다. 형이 박사학위를 땄을 때 부모님은 온 친척들에게 전화해서 자랑을 하셨죠.

한편 저는 늘 형과 비교를 당하면서 부모님께 '변변치 못한 놈'이란 소리를 들었습니다. 형처럼 중학교 입학시험을 보지 않고 지역의 공립 중고교로 진학했어요. 대학도 집에서 다닐 수 있는 거리의 공립대학을 다녔습니다. 형에게 상당한 교육비가 들어갔기 때문에 경제적 여력이 없었으리라는 것은 알지만, 너무 차별한다고 생각했어요.

대학을 졸업한 후 그리 크지 않은 지역 회사에 취직했고 결혼해서 본가를 나왔습니다. 아이도 두 명 있습니다.

사정이 바뀐 것은 최근입니다. 형은 박사학위를 취득했지만 대학교에서 정교수 자리를 찾지 못해서 계속 비상근직 강사를 하고 있었습니다. 물론 그 수입으로 먹고사는 것이 아니라 부모님이 생활비를 보태줬던 것 같습니다. 나이가 마흔 가까이 되는데 말입니다. 하지만 아버지가 정년퇴직하시면서 연금생활을 하게 되었기 때문에 생활비를 계속 보내는 것이 힘들어졌나 봅니다. 게다가 형도 대학에서 갑자기 계약해지를 통보받아 비상근 강사직마저 잃게 되어 경제적으로 아주 어려운 것 같습니다.

그래서 형이 어머니에게 도움을 요청했는지 어머니가 급하게 저를 찾아왔습니다. 아내가 외출했을 때를 노려서 집까지 오셔서는 "의지할 데가 너밖에 없다"면서 말을 꺼냈습니다.

"아버지가 퇴직하고 연금을 받아 살려니 힘들구나. 좀 도와줄 수 없겠니"라며 부탁을 하는 것입니다.

제가 부모님에게 드린 돈은 아마 형의 생활비로 보내지겠지요. 힘들게 모은 돈을 그런데다가 쓰고 싶지 않았습니다. 무엇보다도 아이가 둘이라 교육비로 들어가는 돈 때문에 그럴 여유도 없고요.

어릴 때부터 형하고 차별을 당하고 '변변찮은 놈'이란 말을 계속 들어왔습니다. 그런데 그런 저에게 도와달라고 부탁을 하다니 정말 얼굴이 두꺼운 것 아닌가요? 그래서 "저도 여유가 없어서 무리에요. 죄송해요"라고 말했습니다. 그러자 어머니는 "키워준 은혜도 모르는 놈, 부모가 힘들다는데 도와주지 못한다니 역시 너는 변변찮은 놈이야"라고 욕을 퍼붓고 돌아갔습니다. "

이 남성의 형은 부모에게 아직도 "희망의 별"인 것이다. 이제 곧 40살에 무직이지만 좋은 대학교를 나와서 박사학위까지 취득했기 때문에 앞으로 명문대학교에 자리가 나면 교수가 될지도 모른다는 기대가 있기 때문에 부모는 지금까지 계속 생활비를 보내왔을 것이다. 그리고 이제 그것이 힘들어졌기 때문에 이번에는 동생 쪽에 도와달라고 요구한 것이다.

그러나 냉정한 말 같지만 아무리 박사학위가 있다고 해도 마흔이 넘으면 대학에서 정교수 자리를 찾는 것은 무척 어려워진다. 그러므로 이 남성의 형도 백수생활을 지속할 가능성이 높다.

그렇게 되면 결국 부모형제가 도울 수밖에 없는데, 이제까지 '착취 아이'로 우울한 기억을 안고 있던 동생으로서는 경제적으로 도와줄 마음이 생기지 않을 것이다.

그러나 부모에게 경제적 도움을 부탁받으면 부모가 자기를 필요로 한다고 느끼는 사람도 있는 것 같다. 그래서 돈을 건넸다가 두고두고 힘든 상황에 처한 사람도 적지 않다. 한 삼십 대 여성은 다음과 같은 고민을 털어놓았다.

❝ 언니는 얼굴이 예뻤기 때문에 부모님께 늘 귀여움을 받으며 자랐어요. 명문여대를 나와서 엘리트 남성과 결혼했지만 너무 제멋대로인데다가 자존심이 센 탓에 1년도 되지

않아 이혼하고 집으로 돌아왔습니다. 회사에 다닐 수 있는 사람이 아니에요. 친정에서 살면서 엄마와 둘이서 맛집 투어를 다니거나 명품을 사 모으면서 살았어요. 그런데 아버지가 돌아가신 후부터는 돈 나올 곳이 없어진 것 같습니다.

반면에 저는 엄마에게 "넌 너무 못생겼어. 성형이라도 하는 게 어떠니?"라는 말을 들으며 자랐습니다. 고등학교를 졸업하고 바로 취업해서 착실하게 일하다가 평범한 회사원과 결혼해서 아이도 태어났습니다. 평온하게 살고 있었는데 갑자기 엄마가 찾아와서 "요즘 좀 힘드니까 경제적으로 도와줄 수 없겠니"라는 말을 꺼냈어요. 감히 어디라고 와서 그런 말을 하느냐고 따지고 싶었지만 '엄마의 의지가 된다'는 것이 기뻐서 돈을 좀 드렸습니다. 그랬더니 계속 찾아와서 난감해요. "

이렇게 부모에게 사랑받지 못한 기억을 안고 있는 '착취 아이'는 부모가 경제적인 도움을 부탁하면 그것이 자신을 필요로 하는 증거처럼 받아들이기 쉽다. 이것은 부모에게 사랑받고 싶다, 인정받고 싶다는 인정욕구가 다른 사람보다 훨씬 강하기 때문이지만 부모가 그 마음을 이용하는 경우도 있기 때문에 반드시 주의해야 한다.

2장

왜
자식을
공격하는가

이 장에서는
부모가 왜 자기 자식을
공격하는지 분석하고
그 정신구조를
밝히고자 한다.

숨겨진 지배욕구

자식을 공격하는 부모의 속마음에는 종종 지배욕구가 숨겨져 있다. 물론 자식을 자기 마음대로 하려는 지배욕구가 강한 부모는 옛날부터 있었다. 오히려 부모자식 간의 지배·피지배 관계가 분명한 가정은 예전에 더 많지 않았던가.

과거의 일본에서는 가난 때문에 아들을 남의 집 고용살이로 보내는 일도 있었고, 유곽으로 딸을 팔아넘기는 일도 있었다. 자식을 단순한 노동력으로 간주하고 학교에도 보내지 않고 혹사시키는 경우도 많았을 것이다.

이러한 '노골적인 지배'는 지금은 거의 눈에 띄지 않는다. 일단 원칙적으로는 어린이의 자유나 개성을 존중하는 것처럼 보인다. 그러나 겉으로는 문제가 없는 것처럼 보여도 실제로는 부모가 은근히 자식을 지배하고 있는 가정이 적지 않다. 정신과의사로서 오랜 기간 이런저런 부모와 아이를 상담해왔는데, 부모의 자식 지배가 이전보다도 교묘해져 가고 있다는 인상을 받았다.

부모가 자식을 지배하는 관계는 타인과의 경우와 비교했을 때보다 훨씬 복잡하다. 그 이유는 다음의 2가지다.

우선, 부모로부터 도망치는 것이 어렵다.

만약 당신이 갑질 하는 상사의 지배를 받고 있다고 하자. 도저히 참을 수 없으면 최종적으로는 회사를 그만두면 끝난다. 물론 월급을 못 받으면 생활하기 힘들어지고 일 자체에는 보람을 느끼고 있기 때문에 계속하고 싶다는 갈등으로 고민할지도 모른다. 하지만 상사의 갑질로 우울증에 걸리거나 자살로 내몰리는 것보다는 퇴사해서 깔끔하게 끝내는 것이 낫다고 판단해서 결단을 내리면 갑질 하는 상사로부터 도망칠 수 있다.

이에 비해서 부모에게서 도망치는 것은 훨씬 힘들다. 어린아이에게는 일단 불가능하다. 또 어느 정도 성장했다고 해도 생활할 수 있을 만큼의 돈을 벌지 못한다면 경제적으로 부모에게 의존할 수밖에 없다. 다시 말해서, 자식은 어느 시기까지는 부모의 보호를 필요로 하며 어쩔 수 없이 부모에게 의존할 수밖에 없기 때문에 부모에게 지배당하기 쉽다. 그 결과, 도망칠 곳이 없는 상태로 내몰리는 일도 있다.

난처하게도 지배욕구가 강한 부모는 자식이 지배된 상태에서 도망치려고 하면 민감하게 알아차린다. 그리고 이 방법 저 방법을 동원해서 자립을 방해하려고 한다. 부모에게서 멀어지려고 하는 자식을 향해서 "이제까지 키워 준 은혜를 잊었느냐"라며 생색내듯이 욕을 하는 경우도 있고, "엄마를 버리려는 거니"라고 눈물을 글썽이면서 애원하는 경우도 있을 것이다. 어느 쪽이든 부모에게서 떨어져 자립하려고 하는 자식의 마음속에 죄책감을 심어주려는 행동이다.

또 취업이나 결혼을 계기로 부모에게서 도망쳤다고 해도 실업이나 출산 등을 계기로 다시 부모와 접촉할 수밖에 없는 경우도 있다. 그러므로 이혼하면 배우자의 지배에서 도망칠 수 있는 부부와 비교했을 때도 부모자식의 관계는 벗어나기가 어렵다.

'피는 물보다 진하다'라는 말이 있듯이 혈연관계에서 도망친다는 것은 힘든 일이다. 게다가 지배욕구가 강한 부모일수록 혈연관계를 강조한다. 물론 자식이 자기 뜻대로 따르게 하려는 것이지만 혈연관계까지 들고나오면 자식으로서는 말문이 막힌다.

부모가 자식을 지배하는 관계가 해결하기 복잡한 두 번째 이유는 애정이다.

부모가 자식을 지배하려고 하는 것이 진정한 애정인지는 제쳐두고, 적어도 부모 쪽은 애정에서 우러난 것이라고 생각하고 있다.

1장에서 언급했듯이 내 부모님은 내가 의사가 되기를 갈망했는데, 그 동기는 큰아버지 부부에게 보란 듯이 과시하고 싶거나 나를 '돈줄'로 삼고 싶은 것이었다. 하지만 적어도 의식적으로는 '의사가 되는 것이 이 아이에게 좋다'라고 생각하고 있었을 것이다.

물론 이것이 완전히 거짓말은 아니었을 것이다. 왜냐하면 내가 고등학생 때는 남녀고용기회균등법 같은 법이 없었기 때문에 여성은 취직에 있어서 압도적으로 불리했었고, 결혼을 하면 퇴사하는 것이 당연한 시대였기 때문이다.

이러한 시대 배경을 생각하면 "취업할 때 고생하지 않도록 다 너를 위해서 의대에 가라고 한 거야"라는 어머니의 말이 변명만은 아니었을 것이다.

무엇보다도 부모가 경제적 안정을 원할수록 자식을 고수입이 보장된 직업에 종사시키려고 하고, 그러한 진로를 선택하도록 권하는 경우가 많다. 물론 이것도 부모 자신은 애정이라고 생각할 것이다.

그러나 이러한 부모 마음의 밑바탕에는 자식이 장래에 고수입을 얻으면 자신의 노후도 안심이 되며, 다른 사람들에게 과시할 수 있다는 타산도 분명히 숨겨져 있을 것이다. 다만 그것을 자각하고 있는 부모는 거의 없다.

이러한 부모의 마음속에는 욕망과 애정이 뒤섞여있다. 하지만 누구라도 자신의 마음속에 욕망이 소용돌이치고 있다는 것을 인정하고 싶지 않을 것이다. 그래서 한사코 자식에 대한 애정 때문에 고수입이 보장된 직업을 선택하도록 권한다고 믿으며 자기 자신의 거무튀튀한 욕망에서 시선을 돌리려고 한다.

부모가 원하는 진로를 선택하도록 만들기 위해 내 부모님과 같이 "의대에 가지 않으면 학비는 못 준다"라는 협박조 발언을 하는 경우도 있지만, 폭력으로 강요하는 경우도 있을 것이다. 어느 쪽이든 부모들은 한사코 애정에서 그러한 진로 선택을 권했다고 굳게 믿고 있다.

부모가 혈연과 키워준 은혜, 거기에 애정이라는 말까지 꺼내면 자식으로서는 "나를 낳아주고 길러준 부모가 나를 위해서 말해주고 있는데 어쩔 수 없다"라며 따를 방법밖에 없는 것이다. 혈연과 은혜, 그리고 애정에 의한 심리적 속

박이 있기 때문에 부모가 자식을 지배하는 관계는 아주 복

잡한 것이다.

준만큼 돌려받고 싶은 투자심리

옛날엔 대다수 사람들이 먹고사는 것만 생각하기에도 벅찬 생활을 했다. 또한 자식이 많았기 때문에 자식 한 명당 들어가는 비용은 그다지 많지 않았다. 더 정확히 말하면 돈을 들일 수 없었다는 것이 맞을 것이다.

그러나 고도경제성장기를 지나 일본 전체가 풍족해짐과 동시에 저출산화가 진행되었기 때문에 자식에게 투자하는 금액은 점점 늘었다. 물론 '1억 총중류사회'(1억 명이 중산층인 사회)라고 불렸던 1970년대 후반부터 1980년대까지와 달리 현재는 '격차사회'로 양극화되어 있지만, 여유가 없는 가정이라도 교육투자는 아끼지 않는 것 같다.

이것은 '좋은 학교'에 진학해서 '좋은 회사'에 들어가는 것이 여유롭고 행복한 인생으로 이어진다고 믿는 사람들이 많기 때문일 것이다. 그래서 여유가 없는 가정에서도 교육을 통한 사회적 상승을 꿈꾸며 식비를 줄여서라도 교육에는 돈을 쓴다.

자식을 키울 때 들어가는 것은 돈뿐만이 아니다. 시간과 수고도 마찬가지로 필요하다. 자식이 많았던 시대에는 아이들은 그냥 마음껏 놀게 하면 된다는 풍조였다. 하지만 지금은 그렇게 할 수 없다.

예를 들어 야구나 축구팀에 자식이 들어가면 아버지는 코치로, 어머니는 음료 당번으로 동원된다. 어떤 어머니는 다른 부모와 말다툼을 해서 아이를 팀에서 빼고 싶지만 아이가 연습과 시합에 나가는 것을 기다리고 좋아하기 때문에 어쩌면 좋을지 고민이 돼 잠도 못 잔다며 나에게 외래 상담을 받았다.

게다가 비용을 들여서 출산과 육아를 하고 있는 여성도 적지 않다. 예를 들면, 막대한 시간과 돈을 들여서 불임치료를 받아 겨우 자식을 얻었다는 케이스가 최근 늘고 있다. 또 그중에는 출산 때문에 회사를 그만둔 여성도 있을 것이다. 그런 여성들은 경력을 포기하는 큰 '희생'으로 자식을 키우고 있다고 많든 적든 의식하고 있을 것이다.

이런 경우 "이렇게까지 시간과 돈을 들이고 많은 것을 희생하며 낳고 기른 자식인데, 조금은 내가 원하는 대로 요구하는 게 뭐가 그리 나빠"라고 생각해도 크게 이상할 것은 없다.

물론 부모가 자식에게 쏟는 애정의 이상적인 형태는 '아무 대가도 바라지 않는 사랑'이다. 하지만 나는 이것은 사실 환상에 불과하다고 생각한다. '아무 대가도 바라지 않는 사랑'이라는 것은 '욕심도 타산도 얽혀 있지 않은 순수한 애정을 자식에게 쏟는 부모가 있다면 참 좋을 텐데'라는 희망을 투영한 말로, 실제로는 욕심과 타산이 뒤섞인 애정밖에 품을 수 없는 인간에 대한 반어법처럼도 보인다.

비용을 들인 만큼 제대로 돌려받고 싶다는 생각을 전혀 하지 않는 부모는 없을 것이다. 그래서 보답을 바라는 심리가 자기도 모르는 사이에 작용하게 되고, 이것이 부모의 지배욕구를 강화하는 하나의 원인이 되기도 한다.

자식은 노후를 위한 재테크

그럼 왜 지배욕구를 갖게 되는 것인가? 그 동기로 세 가지를 생각할 수 있는데 이득, 자기애, '공격자와의 동일시'이다.

우선 이득이란 동기는 아주 알기 쉽다. 전형적인 것은 자식에게 장래의 고수입을 기대하는 부모들이다.

예를 들어, 일류 피아니스트를 목표로 자식에게 피아노를 가르치거나 특별훈련을 시켜서 프로야구 선수가 되도록 촉구하는 부모 등 자식의 희망 같은 것은 들으려 하지 않고 장래에 얻을 수 있는 금전을 목표로 자식에게 진로를 강요하는 경우다. 또 회사와 병원 등을 경영하고 있는 부모가 자식에게 가업을 이어받으라고 하는 것도 '지금까지의 투자를 헛되게 하고 싶지 않다'라는 의도가 있기 때문일 것이다.

나의 경험에서 볼 때 이런 의도가 결과적으로 자식을 불행하게 할 수 있다고 단언할 수 있다. 의대 동급생 중에는 부모님에게 의사의 길을 강요받아 들어온 사람이 몇 명 있었다. 본가가 병원이나 진료소를 경영하고 있어서 그곳을 이어받기 위해서 본인의 희망과는 관계없이 의대에 왔다는 사람이 적지 않은 것이다. 그런 사람은 나와는 다른 의미로 고민하는 것 같았다.

의사 일에는 물론 전문적인 지식과 기술이 꼭 필요하다. 이를 갖추기 위해 몇 년을 배우고 최종적으로는 국가시험에 합격해야 한다. 그러나 실제로 환자를 진찰하게 되면 서비스업적인 측면이 강하다. 왜냐하면 환자와 마주하고 어떤 증상 때문에 왔는지 묻는 것도, 치료가 잘 진행되도록 설명이나 지도를 제대로 하는 것도 모두 커뮤니케이션 능력이 필요하기 때문이다. 하지만 부모의 뜻에 따라 억지로 의사가 된 사람 중에는 그다지 커뮤니케이션 능력을 타고나지 못한 사람도 있다.

확실히 머리는 좋고 공부는 잘할 수 있지만 환자와 대화하는 것은 도저히 못 하겠다는 의사가 있다. 1장에서 소개한, 부모가 제약회사 영업사원과의 결혼을 반대하던 여성의 남동생도 그중 한 명인 것이다. 이 남동생은 부모의 희망 때문에 의사가 됐지만 본인이 원하는 IT관련 일을 하는 편이 행복했을 것이다. 또 내가 그의 적성을 생각했을 때, 임상의보다는 기초의학 연구자가 되는 것이 본인을 위해서 나은 선택이라고 생각한다. 하지만 연구자로는 고수입을 기대할 수 없으므로 부모가 반대하고 있다.

이처럼 부모가 자식에게 고수입을 기대하는 것은 내 부모님이 그랬던 것처럼 '고수입을 얻을 수 있는 직업에 종사하는 것이야말로 행복'이라는 신념이 있기 때문일 것이다. 하지만 나 자신이나 부모님의 병원을 물려받기 위해서 억지로 의대에 진학한 동급생들도 자신의 희망과 적성을 확인하고 스스로 선택한 직업에 종사하는 것이 행복하지 않았을까 하는 생각을 한다.

내가 불행했다고 말할 생각은 없지만 의대생이었을 때도, 의사가 된 직후에도 몹시 고민했었다. 정신과의사로서의 임상체험을 토대로 책을 쓰고, 그 책이 어느 정도 인정받게 되면서 겨우 내 인생을 긍정할 수 있게 되었다.

부모가 자식에게 장래의 고수입을 기대한 나머지, 자식의 희망과 적성을 모두 무시하고 부모가 원하는 직업을 강요하는 것은 별로 좋은 생각이 아니라는 것을 나 자신의 체험으로 확신한다. 자식 입장에서 본다면 부모에 의한 공격 이외의 그 무엇도 아니지 않을까?

살아가기 위해서 돈은 확실히 필요하다. 다만 돈만으로 행복해지는 것은 아니다.

자식을 이용한 패자부활전

부모의 자기애, 특히 상처받은 자기애도 부모가 지배욕구를 품는 중요한 동기가 된다. 상처받은 자기애, 그리고 그에 따른 패배감을 안고 있는 부모일수록 자식을 이용해서 자신이 달성하지 못했던 꿈을 이루려고 하기 때문이다.

그 전형적인 인물이 야구 애니메이션의 걸작인 〈거인의 별〉에 등장하는 호시 잇테츠이다. 호시 잇테츠는 장래가 촉망되던 프로야구 선수였다. 하지만 태평양전쟁으로 징병된 후 전쟁터에서 부상을 당한 탓에 어쩔 수 없이 은퇴한다. 그 때문에 잇테츠는 자신의 꿈을 아들인 휴마가 이뤄주길 바라며 스파르타식 교육을 한다.

이른바 '스테이지 마마'(무대에서 활약하는 어린 자녀를 보며 흡족해하는 매니저 격의 어머니)도 마찬가지다. 젊었을 때 예능계에서 활약하고 싶었던 여성이 자신의 꿈은 이루지 못했지만 그것을 설욕하기 위해서 자식에게 연예인 활동을 시키고 직접 매니저를 담당하는 것이다. 이러한 어머니도 호시 잇테츠와 마찬가지로 상처받은 자기애와 패배감을 안고 있는 경우가 많다.

이런 부모는 생각보다 많다. 예를 들어 입시에 실패해서 학력 콤플렉스를 갖고 있는 부모가 일찌감치 자식을 학원에 보내 "좋은 학교에 들어가기 위해서 공부하라"며 질타와 격려를 한다거나, 또는 어릴 때 가정이 유복하지 못해서 배우고 싶은 것을 못 배웠던 부모가 자신이 하고 싶어도 하지 못했던 것을 아이에게 가르치며 강요하는 경우 등이다.

지나치면 부부관계에 금이 가기도 한다. 삼십 대 회사원인 남성의 이야기다. 그는 아내 때문에 애를 먹고 있는데, 아내는 자신이 이상적으로 생각하는 인생 이외에는 인정하려 들지 않는다고 한다. "이제 슬슬 발레랑 피아노를 가르치고 사립 초등학교 입학을 준비해야 한다"고 할 정도로 아내는 현재 네 살인 딸을 어떻게 키워야 앞으로 좋은 인생을 보낼 수 있을지에 대해 많은 생각을 하고 있는 것 같다. 하지만 자기 생각에 조금이라도 반대하면 화를 내기 때문에 아이 친구의 엄마 중 친한 사람이 한 명도 없다. 남편도 늘 비싼 사교육만 고집하는 아내에게 이제 진절머리가 난다고 한다.

또한 최근 회사의 실적 악화로 월급이 줄었기 때문에 아내에게 파트타임 일자리를 구해보라고 제안했지만 "오히려 옷값이랑 점심값이 더 들어", "파트타임 같은 걸 하고 있으면 주변 엄마들이 얼마나 무시하겠어" 등의 이유를 대면서 일하려고 하지 않는다. 그러면서도 별로 절약도 하지 않고 집안일도 소홀히 하기 때문에 남편의 스트레스는 나날이 심해지고 있었다.

무엇보다도 문제인 것은 딸이 무엇을 하고 싶은지, 딸에게는 어떤 재능이 있는지는 아내가 일체 생각해보려고 하지 않는 것이다. 이 아내에게 있어서 그런 것은 중요하지 않은 듯 보였다.

그 배경에는 배우고 싶은 것을 못 배웠고 사립 초등학교도 다닐 수 없었던 아내의 어린 시절이 있는 것 같다. 이 아내는 편모가정에서 자랐고, 어머니가 생활비를 벌기 위해 파트타임 일을 여러 개 해야 할 정도로 형편이 어려웠다. 그래서 무언가를 배우러 학원에 다니는 것은 생각할 수 없었다. 또 초등학교부터 고등학교까지 계속 공립을 다녔고, 경제적인 이유로 대학 진학을 포기할 수밖에 없었다고 한다.

그 때문에 콤플렉스에 사로잡혀 상처받은 자기애와 패배감을 안고 있는 것으로 보였다. 이런 감정이 딸에게 발레와 피아노를 가르치고 사립 초등학교 입학을 준비하게 하려는 강한 욕망을 불러일으켰을지도 모른다.

이렇게 상처받은 자기애와 패배감을 안고 있는 부모일수록 그 반동으로 자신이 할 수 없었던 것을 자식에게 시키려고 한다. 또는 자신이 이루지 못했던 꿈을 자식을 통해 실현하려 하기도 한다.

이것은 부모가 자신의 인생에서 맛본 패배감을 자식의 성공에 의해서 불식시키고 상처 입은 자기애를 회복하기 위해서일 것이다. 말하자면 패자부활전을 하기 위해 자식을 대리전쟁에 내보내는 것이나 마찬가지다. 하지만 이런 기대는 부모의 자기애 재생에 지나지 않는다.

부모가 자식에게 꿈을 거는 것이 무조건 나쁘다고 할 수는 없다. 아버지의 맹훈련으로 아들이 일류 야구선수가 되는 일도 있고, 어머니의 매니지먼트로 딸이 인기 연예인이 되는 일도 있다. 그렇게 된다면 부모도 자식도 행복해질 것이다.

하지만 반드시 성공한다고 할 수는 없다. 오히려 성공한

극소수의 그늘 아래 몇천, 몇만 명의 실패자가 있을 것이다. 특히 부모가 자식의 희망이나 적성을 무시하고 자신의 패자부활전을 위해서 못 이룬 꿈을 자식에게 강요하면 불행한 결과를 불러올 위험성이 크다.

학대의 대물림

부모가 지배욕구를 품는 세 번째 동기로서 '공격자와의 동일시'를 들고 싶다. 이것은 자신의 마음속에 불안이나 공포, 분노와 무력감 등을 불러일으키는 인물의 행동을 모방해서 굴욕적인 체험을 극복하려는 방어기제인데, 프로이트의 딸인 안나 프로이트가 발견했다.

이 메커니즘은 여러 가지 상황에서 작동한다. 예를 들어 군대에서 군기를 잡는다는 명목으로 선임에게 괴롭힘에 가까운 기합을 받은 사람이 자신이 선임의 위치가 되면 후임에게 같은 일을 반복한다. 이런 상황은 직장에서도 일어날 수 있다. 직장 선배에게 음침한 괴롭힘을 받은 직원이 이번에는 신입사원을 똑같이 은근히 괴롭힌다.

공격자와의 동일시는 부모자식 간에도 일어날 수 있다. 어릴 때 부모에게 학대를 받아 '절대 저런 부모는 되지 않겠다'라고 생각해왔는데 막상 자신이 부모가 되면 자기가 받은 것과 같은 학대를 자식에게 반복한다. 이렇게 학대가 대물림되는 것이다.

학대가 대물림되고 있는 가정을 상담할 때마다 '본인이 당했을 때 싫었으면 같은 일을 아이에게 하지 않으면 될 텐데'라는 생각이 든다. 하지만 안타깝게도 그러한 이론은 통용되지 않는 것 같다.

오히려 '나는 불합리한 일을 당해서 고통스러운 경험을 했다'는 피해자 의식이 강할수록 자신과 같은 정도의 체험을 다른 누군가에게 맛보게 해주려고 한다. 아니, 더 정확하게는 자신이 당한 괴로운 경험을 다른 누군가에게 맛보게 하지 않으면 그것을 극복할 수 없다는 것이 맞을 것이다.

이것은 부모에게 지배당한 자식도 마찬가지다. 부모가 하라는 대로 하지 않으면 폭력을 당하고 말대꾸 같은 것은 절대 허용되지 않았거나, 또는 고수입이 기대되는 직업에 종사할 것, 가업을 이을 것, 부모가 이루지 못한 꿈을 실현할 것 등을 강요당해서 하고 싶은 것을 할 수 없었던 사람이 막상 부모가 되면 자신이 부모에게 당한 것과 똑같이 자식에게 그대로 되풀이 하는 경우가 있다.

자기가 부모에게 지배당해서 싫었다면 자식에게는 자유를 주면 되는데 왜 저럴까 하는 생각이 들지만 그렇지 않은 경우가 많다. 오히려 '나는 부모가 원하는 것을 만족시키며 살아와서 내가 하고 싶은 것을 할 수 없었다. 이제껏 계속 참아왔으니까 이번에는 내가 원하는 것을 자식이 충족시켜 줬으면 좋겠다. 그 정도는 용납될 것이다'라고 생각한다. 결국 부모 자신이 참고 견뎠던 경험에 의해 자식에 대한 지배 욕구를 정당화하는 것이다.

'자식은 내 것'이라는 소유의식

자식에 대한 지배욕구가 강한 부모는 동시에 '자식은 내 것'이라는 소유의식을 품고 있는 경우가 많다. 이 소유의식이 가장 폭력적인 형태로 드러나는 것이 자식을 학대하는 부모다.

2019년 1월 치바현 노다시에서 당시 초등학교 4학년이었던 구리하라 미아 어린이가 자택 욕조에서 사망한 사건으로 부모가 체포되었다. 그리고 아버지인 유이치로는 상해치사죄로, 어머니인 나기사는 상해방조죄로 각각 기소됐다.

유이치로는 미아 양의 양팔을 잡고 바닥에 질질 끌고 가서 욕조 바닥에 내팽개쳐서 얼굴을 다치게 하고 가슴과 얼굴을 압박하는 등의 폭행을 저질러 안면 타박상과 골절상을 입혔다. 그것뿐 아니라 미아 양의 손에 오물을 잡게 하고 그 모습을 스마트폰이나 디지털카메라로 촬영했다고 한다.

어떻게 친딸에게 저런 심한 짓을 할 수 있는가 하고 도저히 이해가 가지 않지만, 자기 자식을 학대하는 부모의 말을 들어보면 아이러니하게도 친자식이니까 그렇게 할 수 있었다는 것을 알게 된다. 자식을 자신의 소유물로 여기기 때문에 자기 마음대로 해도 괜찮다는 잘못된 생각을 하는 것이다.

실제로 자식을 신체적으로 학대하면서 "내 자식을 어떻게 교육하든 내 마음이다"라든지 "내 자식을 내가 때리든 말든 남이 이러쿵저러쿵 참견하지 마라"와 같이 말하는 가해자는 많다. 이런 타입의 가해자에게서는 독점욕과 자기 자식을 학대해도 된다는 생각과의 상관관계를 확실히 엿볼 수 있다.

이렇게 자식을 자신의 소유물처럼 여기는 경향은 성적 학대를 하는 부모에게서도 볼 수 있다. 성적 학대를 하는 가해자가 자식을 자신의 소유물로 여기는 것은 잘 알려진 사실이며 근친상간 가해자 중에는 자식을 성적으로 이용하는 것은 부모의 권리라고 생각하고 있는 경우도 있다.

미아 양도 아버지인 유이치로에게 성적 학대를 당하고

있었다는 흔적이 있다. 일시보호를 받고 있던 아동상담소의 직원에게 "아버지가 팬티를 내렸다"고 털어놓아서 의사가 "성적 학대가 의심된다"라고 진단했기 때문이다.

미아 양은 "(아버지가) 밤중에 깨우더니 창문 밖에 누군가 있는 것 같으니까 보고 오라고 했다"라고 말한 다음 "아빠가 갑자기 바지를 내리고 다가왔다. 내 팬티를 벗겨서 '하지 마세요'라고 하면서 바로 올렸더니 '그런 말을 하면 들키잖아'라고 했다"는 것이다. 이런 일을 저지른 것은 유이치로가 미아 양을 자기 소유물로 여기고 성적인 목적을 위해서 이용해도 된다고 생각했기 때문일 것이다.

이런 소유의식은 가정폭력 가해자에게 자주 볼 수 있다. 유이치로는 아내인 나기사에 대한 폭행죄로도 추가 기소를 당한 상태다. 아마 아내에 대한 가정폭력이 있었던 것 같다. 따라서 유이치로는 학대 가해자이면서 동시에 가정폭력 가해자이기도 한데, 아내와 자식 모두를 자신의 소유물이라고 착각하고 있었기 때문이다.

'나는 부모니까 괜찮다'라는 특권의식

부모의 소유의식과 밀접하게 연결되어 있는 것이 '나는 부모니까 웬만한 것은 내 맘대로 해도 괜찮다'라는 특권의식이다.

이 특권의식은 '가정 내에서 최우선시되어야 할 것은 나의 소망이나 욕구의 만족'이라는 자기중심적인 확신으로 드러난다. 그렇기 때문에 부모 말을 듣지 않거나 부모 뜻대로 되지 않으면 폭력을 휘두른다. 또는 자기가 원하는 직업에 자녀를 종사시키려고 하는 것도 특권의식에서 유래한 자기중심성이 원인일 것이다.

이러한 자기중심성의 핵심에 있는 것이 자식은 '나를 돋보이게 하는 부속물'이라는 인식이다. 이 인식이 가장 강한 것이 1장에서 예로 든, 자식의 마음보다 체면이나 겉치레를 우선시하는 부모의 경우다.

이런 부모에게 자식이란 '나를 돋보이게 하는 부속물'이며 자신의 가치를 끌어올려 주는 가방이나 보석과 같은 존재다. 그렇기 때문에 성적이 좋고 선생님이 예뻐하고 친구들이 좋아하며 학원에서도 칭찬받는 "완벽한 아이"가 되기를 늘 원한다. 거기에 더해 '좋은 대학', '좋은 회사'에 들어가서 이웃과 친척들에게 과시할 수 있는 엘리트코스를 밟아주기를 바란다.

그 역할을 아이가 제대로 완수해준다면 부모의 자기애는 충족되지만 반대로 자식이 '나를 돋보이게 하는 부속물'이 아니라면 부모의 자기애는 상처받는다. 그렇기 때문에 더더욱 1장의 예시와 같이 입시 실패나 부모의 가치관과 맞지 않는 결혼에 직면하면 화를 내고 비난을 하는 것이다 .

심지어 자식이 '나를 돋보이게 하는 부속물'로서의 역할을 다해주지 않은 탓에 자신이 부끄러움을 당했다고 생각한다. 당연히 창피를 당한 자신이 피해자이며 그 원인을 만든 가해자인 자식을 비난해도 괜찮다고 생각하는 것이다.

자식은 본인에게 닥친 좌절이나 실패로 인해 그렇지 않아도 상처를 받았는데, 부모에게 야단을 맞고 욕을 먹고 심한 경우 두들겨 맞기까지 한다. 하지만 부모 쪽은 '나는 창피를 당한 피해자이니까 이 정도는 혼내도 괜찮아'라고 생각하고 있다.

자식을 '나를 돋보이게 하는 부속물'로 생각하는 정도라면 차라리 귀여운 편이다. 그중에는 '돈줄'로 이용하는 부모도 있다. 이것도 '키워준 부모니까 이 정도는 요구해도 된다'라는 특권의식에서 유래한다.

한 삼십 대 여성은 약혼까지 했는데 부모 때문에 결혼이 깨져서 기분이 가라앉고 아무것도 하고 싶지 않다면서 내 진찰실을 찾았다.

❝ 저는 편모가정에서 자랐는데 어머니는 미용사라서 지금도 시골 본가에서 미용실을 하고 계세요. 하지만 인구감소와 고령화로 매년 매상이 떨어져서 빚을 갚기도 힘이 드는 것 같습니다. 엄마가 울면서 부탁하시는 바람에 모았던 돈의 거의 전부인 4천만 원을 거절하지 못하고 드렸어요.

하지만 그 돈으로도 빚이 다 해결된 것이 아니라 지금도 매월 50만 원씩 보내고 있습니다. 1년으로 계산하면 600만 원이니까 제 연 수입의 5분의 1입니다. 저에겐 제법 큰 부담이 되는데도 "고생해서 자식을 키웠으니 이 정도 도움을 받는 것은 당연하다"면서 고맙다는 말 한마디 하지 않으셨어요.

계속 미용실을 운영해도 적자만 늘 뿐이라 이제 그만두시면 좋겠어요. 그런데 어머니는 "미용실을 그만두면 연금만으로 생활이 안 돼. 네가 날 부양해준다고 하면 오늘이라도 그만둘게"라며 비아냥거리듯 말씀하십니다.

뭐, 그것뿐이었으면 그냥 이해하려고 했는데 최근 아무리 생각해도 용서할 수 없는 일이 벌어졌습니다. 약혼자가 갑자기 헤어지자고 해서 이유를 물었더니 "당신 어머니한테 돈을 빌려달라는 부탁을 받았어. 솔직히 그런 분과 한 가족이 된다는 건 나에겐 무리야. 우리 부모님도 같은 의견이셔. 미안해"라고 했어요.

너무나 큰 충격으로 그날은 온종일 울었습니다. 어머니에게 전화로 정말이냐고 물었더니 "아니, 약혼자 부모가 힘들다는데 도와주는 게 당연한 일 아니니? 그걸 못 해준다니 참 변변치 못한 놈이네"라는 답이 돌아왔습니다. 부끄러워하는 모습도, 미안하다는 말도 없었습니다. **"**

이 여성의 어머니는 자신은 힘들게 딸을 키웠기 때문에 웬만한 일은 다 허용된다는 잘못된 믿음을 갖고 있는 것 같다. 그 때문에 딸을 불행하게 만들었지만 자책감도 죄책감도 느끼지 않는 것으로 보인다. 이것도 부모로서의 특권의식이 강해서라고 생각할 수 있다.

이런 부모를 둔 자식은 고생한다. 이 여성도 "어머니가 살아계신 한, 의절하지 않는 한 결혼은 못 하겠다는 생각이 들었어요. 그래서 더욱 침울해집니다. 하지만 혈육이라고는 세상에 하나뿐인데 인연을 끊을 수도 없고…, 끙끙 앓고 있지만 답은 나올 것 같지 않아요"라고 말했다.

상상력의 결여

자기중심적인 부모는 자기가 아이에게 퍼붓는 폭언이나 행동으로 아이가 얼마나 상처받는지, 어느 정도의 분노와 반감을 불러일으키는지에 대한 상상력을 발휘하지 못한다. 아니, 더 정확히는 아마 상상해보려고도 하지 않았을 것이다.

이러한 상상력의 결여는 모든 상황에서 드러난다. 예를 들어 형제자매와 비교하는 부모는 그것이 얼마나 아이의 마음에 상처를 주고 열등감을 품게 하는지에 생각이 미치지 못한다. 오히려 아이가 더 열심히 하라는 마음으로 "형은 이렇게 성적이 좋은데", "언니는 저렇게 활동을 열심히 하는데" 같은 말을 하는 부모가 많다.

하지만 이렇게 비교당하면서 자라면 열등감 덩어리가 되기 쉽다. 또 성인이 되어도 자존감이 낮은 사람이 된다. "어릴 때부터 늘 우수한 형과 비교당하는 게 정말 싫었다"라는 한 이십 대 남성은 "형에게 지지 않겠다는 마음으로 열심히 노력했지만 공부도 스포츠도 형을 이길 수 없었다. 그래서 지금까지도 자신감이 없다. 그 원인을 만든 것은 언제나 형과 나를 비교했던 엄마, 그리고 우수한 형이었다고 생각한다. 그 두 사람의 얼굴을 보는 게 싫어서 이런저런 이유를 만들어 본가에는 가지 않으려고 한다"라고 이야기했다.

나에게는 이 남성도 무척 우수하며 엘리트코스를 밟고 있는 것으로 보였지만, 형이 그 이상으로 우수한 초엘리트인데다가 어머니에게 늘 비교를 당해왔기 때문에 자존감이 낮아 보였다. 이 남성의 어머니는 더욱 노력하라는 의미로 형과 비교했을지도 모르지만 비교당한 동생 쪽은 깊은 상처를 입고 어른이 되어서도 원망하고 있다.

이러한 상상력의 결여는 1장에서 예로 들었던 '자식의 영역을 침범하는 부모'에게서도 볼 수 있다. 부모가 마음대로 가방 속이나 책상 서랍을 뒤진다거나 자식의 물건을 버리는 것이 자식에게 얼마나 불쾌한 일인지 생각해보려고도 하지 않는다.

부모가 상상력을 발휘하지 못하면 자식의 마음에 상처를
주고 두고두고 화근을 남기게 된다.

어긋난 분노의 화살

상상력이 결여된 부모는 분풀이를 하기 위해 사소한 일로 자식에게 폭언을 퍼붓거나 폭력을 휘두른다. 이것은 '분노의 치환'이라는 메커니즘을 따른다.

본래 분노를 느끼면 그 원인이 된 인물에게 감정을 터뜨리는 것이 이치다. 하지만 그것이 불가능한 상황이거나 직접 반격하는 것이 두려울 때 대신 다른 곳에 감정을 터뜨리고 이를 통해 마음의 균형을 찾으려고 한다. 이것이 정신분석에서 '치환'이라고 불리는 방어기제다.

자기도 모르게 이 '치환'에 의한 분풀이를 하는 것이 인간이다. 정말 화를 내고 싶은 것은 자기 부모이거나 회사의 상사이거나 남편 또는 아내였지만 두려워서 화를 낼 수 없으므로 분노의 화살을 약한 자식에게로 돌린다.

말하자면 자식을 샌드백 대신 이용하는 것이다. 이것은 '좋은 사람'인 척하려고 가정 밖에서는 작은 화를 참기 때문일 수도 있다. 앞에서 언급했던 유이치로가 그런 사람이었다. 가정에서는 아주 사소한 계기로 화를 내며 처자식에게 폭력을 휘두르는 폭군이지만 주변 사람들에게는 '온화하다', '겸손하고 친절하다', '붙임성 있다'는 평가를 받는 가정폭력 가해자는 적지 않다.

남들에게 좋은 사람으로 보이고 싶어서 밖에서는 화를 참지만 분노는 배설물과 마찬가지로 어떤 형태로든 밖으로 배출하지 않으면 점점 쌓이게 된다. 그래서 가정 내의 약한 상대를 찾아 그 배출구로 삼지 않고서는 견디지 못하는 것이다.

이러한 양면성 때문에 이웃이나 직장에서는 '저렇게 좋은 사람이 자식을 학대할 리가 없어'라는 선입견을 갖기 쉽다. 이것이 학대의 발각을 늦추는 한 원인이 되어 학대로 인한 죽음에까지 이르는 최악의 사태가 발생하기도 한다.

자식을 향한 질투와 선망

일반적으로 부모는 자식의 성공이나 행복을 원하고, 자식이 행복해지면 자기 일처럼 기뻐하는 것이 당연하다고 여겨진다. 하지만 실제로는 자기 자식을 시기하는 부모가 존재한다. 영국의 정신분석가인 스티븐 그로스는 이런 사례를 몇 가지 소개하고 있다.

어느 어머니는 딸에게 프라다의 모직 정장을 사주고 기뻐했다. 그런데 1시간도 지나지 않아 정장 치마를 세탁기에 집어넣고 돌려서 완전히 못쓰게 만드는 실수를 저질렀다. 그로스는 이 어머니가 빈곤하게 자랐다는 사실을 지적하면서 자기 자식을 시기하는 부모의 전형적인 예로 들었다.

빈곤 속에서 자란 부모 중에는 자기가 체험했던 비참한

기분을 자식에게는 느끼게 하고 싶지 않아서 자식이 원하는 것은 뭐든지 사주는 부모도 있지만, 이 어머니는 그렇지 않았던 것 같다.

"실수 행위는 두 개의 서로 다른 의도의 간섭에 의해서 생기는 심적 행위"라는 프로이트의 날카로운 분석처럼, 이 어머니의 이러한 부주의로 인한 실수는 한편으로는 프라다 정장을 입을 수 있는 딸의 행복을 기뻐하면서도 다른 한편으로는 그 행복을 시기하는 마음, 그리고 그러한 행복을 누리지 못했던 자기 인생에 대한 분노를 품고 있었기 때문이라고 생각할 수 있다.

물론 부모 쪽은 자기가 자식을 시샘하고 있다는 것을 전혀 의식하지 못한다. 대부분 "그럴 생각은 털끝만큼도 없었습니다"라고 부정한다. 이것은 당연하며 누구라도 질투나 선망과 같은 음침한 감정이 자기 마음 밑바탕에 잠재되어 있다는 것을 인정하고 싶어 하지 않는다. 그렇기 때문에 질투도 선망도 무심결에 입 밖으로 튀어나오거나 충고를 가장해서 표현하게 된다.

예를 들어, 어떤 아버지는 무언가에 열성을 보이며 신이 난 아이에게 "건방지다"라거나 "주제넘게 설친다"라는 말을 해서 아이의 맥을 빠지게 한다. 자녀가 고마워할 줄 모른다고 불평하면서 "넌 네가 얼마나 운이 좋은지 모를 거야", "나는 평생 이런 걸 받아본 적이 없어"와 같이 진심을 누설하는 어머니도 있다.

이러한 부모는 종종 자신의 자녀들이 갖고 있는 보물(점점 강해지는 정신과 육체, 넘치는 활력, 기쁨, 물질적 안락함 등)을 시기한다. 그리고 그 무엇보다도 '아이들이 품은 잠재력'을 시기한다.

읽는 분들은 놀랄 만한 이야기에 자기 귀를 의심할 것이다. 하지만 이런 부모가 존재하는 것은 사실이며 나도 삼십 대 여성에게 다음과 같은 이야기를 들은 적이 있다.

이 여성은 '빨리 결혼하라'는 말을 어머니에게 지속적으로 들어왔다. 하지만 정작 결혼할 사람을 소개할 때마다 어머니가 이러니저러니 트집을 잡아서 결혼이 틀어졌다고 한다.

그 어머니는 남편의 외도로 이혼한 후 위자료도 양육비도 받지 못한 채 혼자 딸을 길렀다고 한다. 그랬기 때문에 딸이 결혼하면 자기는 홀로 남겨지게 된다는 불안감 때문에 딸의 결혼을 방해하고 있는지도 모른다. 또는 딸을 자기 뜻대로 하고 싶은 지배욕구를 품고 있어서 다른 사람이 가정에 들어오는 것을 막고 싶은 것인지도 모른다. 하지만 무엇보다도 딸의 행복에 대한 질투와 선망이 마음속 밑바닥에 소용돌이치고 있을 가능성도 충분히 생각해볼 수 있다.

물론 어머니는 전혀 의식하지 못하고 있을 것이다. 어디까지나 '딸을 보호하기 위해' 결혼을 막은 것이라고 믿고 있을 것이다. 이처럼 양심의 가책이나 죄책감을 조금도 느끼지 못하고 자각하지 못한 채 자식의 인생을 파괴해 나간다는 부분이 이런 유형의 부모가 지닌 가장 큰 위험성이다.

부모는 무조건 옳다는 신념

가장 문제인 것은 자식을 공격하는 부모의 대부분이 자신은 항상 옳다고 믿고 있다는 것이다. 당연히 자식을 공격하고 있다고 자각하지도 못한다.

자신이 옳다는 신념은 앞에서 예로 들었던 유이치로에게서도 볼 수 있다. 유이치로는 경찰의 조사에서 "훈육한 것이고 그게 잘못이라고 생각하지 않는다"라고 진술했는데 아마도 진심일 것이다.

죽음에 이르게 할 정도의 폭력을 훈육이라고 칭하는 것은 이해할 수도 없으며 책임회피를 위한 억지가 아닐까 하는 의심이 든다. 하지만 학대 가해자 중에는 학대를 애정의 증거로 인식하고 "사랑하지 않았으면 그런 일은 하지도 않았다"라는 식으로 말하는 자도 적지 않다.

유이치로도 자신의 행동이 사랑의 증거라는 가치관을 가진 사람이었을 것이다. 이런 타입은 자녀를 학대하는 경향이 강하다. 그들은 전통적인 가치관을 내세우면서 가학적인 육아를 정당화하는 경우가 많은데 "매를 아끼면 자식을 망친다"라는 속담을 인용하거나 "아이를 방임하는 부모가 되라는 것인가?"라고 주장하기도 한다.

이러한 애정과 학대의 혼동은 학대 가해자에게서 자주 보이며 자기정당화를 위해서 사용된다. 자기정당화에 의해 자신이 옳다고 굳게 믿기 때문에 그토록 심한 폭력을 아이에게 가하는 것이다. 이 자기정당화는 자식을 공격하는 부모 대부분에게서 공통적으로 발견되는 특징이다.

자식의 심신에 아무리 큰 상처를 입혀도 어디까지나 자식을 위해서라고 부모는 믿어버린다. 자식에게 욕을 퍼붓는 것도 폭력을 휘두르는 것도 아이가 나쁜 짓을 했기 때문에 그 벌을 주는 것이며, 자식을 올바르게 지도하기 위해서라고 생각한다. 이런 부모는 자신이 나쁘다고도, 잘못했다고도 인정하지 않는다.

물론 절대 사과도 하지 않는다. 어디까지나 자식을 위해서 했다고 확신하고 있기 때문에 자식에게 감사를 받으면 받았지 사과할 필요 같은 건 없다고 생각한다. 자식 쪽은 "부모의 요구를 만족시키려다가 내 인생이 이렇게 꼬였으니까 부모에게 한마디 사과라도 듣고 싶다"라고 생각하지만 부모 쪽은 "너를 위해서 그렇게 했는데 고마움도 모르는 것이냐"가 된다.

자신이 옳다는 신념을 가진 부모와 자식 사이가 어긋나는 경우는 많다. 그런 어긋남을 만화가 하기오 모토 씨도 경험한 듯 《한순간과 영원과》 속에서 토로하고 있다.

하기오 씨는 초등학교부터 고등학교까지 한결같이 만화를 그리고 있었지만 부모님은 만화가가 되는 것을 반대했던 것 같다. 그랬기 때문에 하기오 씨의 마음속에는 "도대체 좋아하는 것을 하는 게 뭐가 나빠요? 만화 정도는 그냥 그리게 놔두세요. 불량스러운 행동을 하는 것도 아닌데"라는 분노와 "부모님 말씀대로입니다. 금지하신 만화를 그리다니 저는 얼마나 나쁜 딸인지요. 죄송합니다"라는 진지한 죄책감 사이를 시소처럼 왔다 갔다 했다.

"어차피 무슨 말을 해도 이해해주지 않을 것이라고 생각했기 때문에 내 의견을 말하지 않고 피했"고, 그래서 사춘기에 부모님과 이렇다 할 큰 싸움은 일어나지 않았다. 그리고 결국 우여곡절 끝에 만화가가 되었지만, 그 대가를 이십 대 후반부터 삼십 대에 걸쳐서 치렀다고 한다.

절세를 위해 회사를 설립한 하기오 씨는 아버지에게 대표 자리를 부탁했다. 그러자 부모님이 업무에 참견하기 시작했고, 참다못한 하기오 씨는 "제 일에 참견하지 말아 주세요"라고 말했다. 부모님은 부모 말을 업신여기는 딸에게 화가 났고, 이게 모두 만화 때문이니 만화가를 그만두라고 요구했다. 물론 부모님은 정말 진심이었다. 폭발한 하기오 씨는 회사의 문을 닫고 일방적으로 부모님과 인연을 끊었다.

나는 〈포의 일족〉을 시작으로 수많은 걸작을 세상에 내놓은 하기오 씨를 명실상부한 천재라고 생각한다. 아마 내 생각에 동의하는 독자분도 많을 것이다. 그런데 그런 하기오 모토 씨를 향해 만화가를 그만두라고 요구한 부모님은 도대체 무슨 생각을 했던 것일까 하고 고개를 갸우뚱하게 된다.

하긴 부모님은 정말 진심이었을 것이다. 자신이 옳다고 생각하는 부모 입장에서는 당연한 이야기다. 하기오 씨도 그것을 알고 있었는지 다음과 같이 말하고 있다.

"자신들이 옳다고 생각하는 부모로서는 딸이 마음을 바꿔 착한 딸이 되어주는 것만이 그들의 소원이었다. 자신들의 행동에는 특별히 문제가 없다고 생각하는 것이다."

그 말 그대로다. 자식을 공격하는 부모의 대부분은 '나는 옳기 때문에 내가 하는 일에는 특별히 문제가 없다'라고 생각하고 있다. 이러한 신념을 가진 부모는 자신의 가치관을 결코 바꾸려고 하지 않는다. 그리고 자신이 옳다고 믿는 가치관에 따라 자식에게 '이렇게 해라, 저렇게 해라'라고 되풀이해서 말한다.

내 부모님 역시 나를 의대에 진학시킨 것은 옳은 선택이었다고 지금도 믿고 있다. 아버지는 이미 돌아가셨지만 80세를 넘기고 시골에서 혼자 살고 계신 어머니는 아직까지도 "이쪽으로 내려와서 개업하거라" 하고 틈만 나면 이야기한다. 그것이 내 행복을 위해서라고 믿고 있는지도 모르지만 어머니와 나 사이의 이 어긋난 간극은 영원히 메워지지 않을 것 같다.

3장

공격적인 부모가
자식에게
미치는 영향

이번 장에서는
공격적인 부모가
자식에게 미치는
영향에 관해서
구체적인 예를 들어
설명하려고 한다.

낮은 자존감

공격적인 부모 밑에서 자라면 우선 자존감이 낮아진다. 이것은 당연한 결과로, 어릴 때부터 아무리 노력해도 부모에게 인정받지 못하고 무시당해온 사람이 자신을 소중한 존재라고 생각할 수 있을 리가 없다. 또한 '뭘 해도 안 되는 아이', '못생겼어. 귀엽지가 않아'라고 늘 무시당하고 때로는 욕을 먹어온 사람은 자신을 받아들이지도 긍정하지도 못한다.

이렇게 자존감이 낮으면 안정감도 자신감도 갖지 못한다. 그래서 항상 타인을 신경 쓰고 타인의 평가에 휘둘리기 쉽다. 그 배경에는 어릴 때부터 늘 부모의 안색을 살피면서 생활해야만 했던 영향도 있을 것이다.

타인의 평가를 신경 쓰는 것이 무조건 나쁘다는 것은 아니다. 사회생활을 하는 이상 누구나 많든 적든 타인의 시선을 신경 쓰면서 살아간다. 전혀 신경 쓰지 않고 산다면 제멋대로에 안하무인인 인간이 될지도 모른다.

다만 자존감이 낮은 사람은 필요 이상으로 타인의 평가를 신경 쓰고 휘둘리기 쉽다. 또 자신에 대한 타인의 평가가 조금이라도 안 좋다고 느껴지면 '나는 역시 안 되는 인간'이라는 생각에 침울해진다.

무엇보다 문제인 것은 부모에게 인정받지 못하고 사랑받지 못한 탓에 욕구불만이 점점 심해지고, 인정받고 싶다는 인정욕구와 사랑받고 싶다는 애정욕구가 다른 사람보다 훨씬 강해지는 것이다.

하지만 아무리 노력해도 부모가 자신을 인정해줄 리도 사랑해줄 리도 없다. 그렇기 때문에 더욱 자존감이 낮아지고 '나는 아무 가치도 없는 인간'이라고 믿게 되어 자포자기에 빠지기 쉽다. 경우에 따라서는 자기 파괴적인 행동으로 내달리는 일도 있다.

매일 밤마다 아버지가 술을 마시고 난동을 부리고 어머니가 입버릇처럼 "자식 같은 건 낳지 말았어야 했는데"라며 넋두리를 하는 가정에서 방치된 탓에 중학생 때부터 절도와 협박을 반복하다가 여러 번 체포되고, 중학교 졸업 후엔 가출이나 다름없이 집을 나와 십 대에 미혼모가 됐다는 한 이십 대 여성은 다음과 같이 말했다.

❝ 저는 중학생 때부터 원조교제를 시작했어요. 집에 들어가기 싫었기 때문에 생활비를 스스로 벌어야 했거든요. 하지만 꼭 그것 때문만은 아니었어요. 오히려 '이런 나를 필요로 해주는 사람이 있다', '이런 나와 만나서 즐거워해 주는 사람이 있다'는 것을 실감할 수 있어서 기뻤기 때문이라는 게 더 큰 이유였습니다. 게다가 따뜻하게 대해주니까요. 집에서는 술 취한 아버지가 때리거나 내 몸을 만졌고, 엄마는 "네가 없었으면 이혼할 수 있었는데"라는 말을 했기 때문에 '나 같은 건 태어나지 않는 게 나을 뻔했다'고 생각했어요. ❞

이 여성은 지금 술집에서 일하면서 자식을 키우고 있는데, 가끔 공황발작이 일어나서 외래로 통원치료 중이다. 싱글맘으로 사는 것이 상당히 힘들어 보이지만 "부모와 연을 끊은 지금은 스스로 돈을 벌 수 있으니까 부모에게 의지하지 않을 수 있어서 좋습니다. 맞을 일도 잔소리를 들을 일도 푸념을 들을 일도 없습니다. 가끔 공황발작이 일어나지만 약을 먹으면 진정되고 아이도 저를 필요로 해주기 때문에 제 인생 중에서 지금이 가장 마음이 편해요"라고 했다. 이야기를 듣는 것만으로도 그녀가 얼마나 힘든 어린 시절을 보냈는지 쉽게 상상할 수 있었다.

이 여성이 비행, 더욱이 원조교제에 빠지게 된 원인은 부모가 인정욕구와 애정욕구를 채워주지 못했기 때문으로 보인다. 일반적으로 비행을 저지르는 사춘기 아이들의 마음속에는 자신을 인정해주지 않는 부모에 대한 분노와 반감으로 '나쁜 아이'가 되어서 부모의 관심을 끌고 싶다는 생각이 숨겨져 있는 경우가 많다. 이 여성도 그런 아이 중 하나가 아니었을까.

과도한 헌신

부모에게 인정받지 못하고 사랑받지 못한 아이는 도리어 극단적으로 '착한 아이'가 되기도 한다. 인정욕구와 애정욕구가 남보다 훨씬 강하기 때문에 부모의 욕망을 최대한 충족시켜주고 요구에도 가능한 한 응하려고 하는 것이다.

물론 "인간은 타자의 욕망을 욕망한다"는 프랑스의 정신분석가 자크 라캉의 말처럼, 누구든지 정도의 차이는 있으나 타자의 욕망을 감지하고 그것이 마치 자기의 욕망인 것처럼 충족시켜서 인정받고 사랑받으려고 한다.

그중에는 타자의 욕망을 충족시켜 상대의 마음에 들고 칭찬받는 것에서 커다란 기쁨을 찾는 사람도 있다. 반대로 타자의 욕망을 신경 쓰지도 감지하려고도 하지 않는다면 타자와의 관계를 일체 거부하고 자신만의 세계로 들어가 두문불출하게 될 수도 있다.

특히 아이들은 자기도 모르는 사이에 부모의 욕망을 감지하고 이를 만족시켜서 부모에게 인정받고 사랑받으려고 한다. 자식은 부모의 마음을 읽어내고 이를 가능하면 따르려고 하는 것이다.

예를 들어 개업의인 부모는 자식이 의사가 되어서 뒤를 이어주기를 원하는데, 그런 부모의 욕망을 자식이 민감하게 감지하고 "나는 커서 의사가 될 거야"라고 말하는 경우가 있다. 이것은 의사에 한정된 이야기가 아니다. 부모가 바라는 직업을 자식이 민감하게 감지하고 "커서 ○○가 될래"라고 말하는 경우는 흔하다.

그러므로 타자의 욕망을 만족시키려고 하는 것이 반드시 나쁜 것만은 아니다. 오히려 타자의 욕망을 감지하는 능력이 뛰어난 사람은 주변에서 '눈치가 빠르다', '분위기를 잘 파악한다'와 같이 좋은 평가를 받는 경우가 많다.

단, '지나침은 모자람만 못하다'란 말처럼 타자의 욕망에 얽매여 있기만 한다면 자신의 욕망을 갖지 못하게 된다. 경우에 따라서는 꼭두각시처럼 될 위험성이 있는 것이다.

특히 자식을 지배하려고 하는 부모 밑에서 자라면 부모

의 욕망을 만족시키고 부모의 뜻대로 하는 것이 최우선이 되기 때문에 자신이 진정 무엇을 하고 싶은지도, 무엇이 되고 싶은지도 모르게 된다. 보다 정확히는 '부모의 행복=자식의 행복'이라고 굳게 믿고 있는 부모 때문에 자신의 욕망을 모르는 사람으로 만들어지는 것이다.

이러한 경향은 '착취 아이'일수록 강하다. 어릴 때부터 형제자매에 비해 자신이 사랑받지 못하고 푸대접을 받고 있다고 느끼기 때문에 어떻게 해야 부모에게 인정받고 사랑받을 수 있을지 늘 생각하고 있기 때문이다. 당연히 다른 사람보다 몇 배로 부모의 욕망에 신경 쓰고 민감하게 감지하려고 한다. 그리고 이를 충족시키기 위해 과도한 노력을 한다.

그러나 아무리 노력해도 보상받지 못한다. 예를 들어 원하는 것을 넌지시 비춘 부모를 위해서 용돈을 모아 선물을 해도 "색깔이 마음에 들지 않는다", "이런 거 안 쓴다", "이거랑 다른 타입을 갖고 싶었다"란 답이 돌아오는 경우가 많다. 때로는 "이딴 거 원한 적 없다"라는 답이 돌아오는 일조차 있다. 결국 부모에게 무엇을 선물해도 만족하지 않는 것이다.

이것은 '애착 아이'에 대한 반응과 정반대다. 애착 아이가

준 선물이라면 그것이 어떤 것이든 부모는 기뻐한다. "○○가 주는 것은 항상 내 맘에 쏙 들어", "○○는 역시 안목이 있어"라는 말로 애착 아이를 칭찬하면서 만면에 웃음을 띤다.

이러한 반응 차이를 직접 눈앞에서 확인한 '찬취 아이'는 새삼 자신이 사랑받지 못한다는 것을 뼈저리게 느끼게 된다. 그렇다면 부모에게 인정받고 사랑받으려는 노력을 과감히 그만둘 수 있다면 마음이 편해질 것이다. 그러나 그렇게 간단하게 포기할 수 있는 것이 아니다. 특히 나이가 어릴수록 부모의 보호와 도움 없이는 살아갈 수 없기 때문에 부모에게 인정받고 사랑받는다는 것은 아이에게 있어서는 생존이 걸린 문제가 된다.

그렇기 때문에 '좀 더 착한 아이가 되면 사랑해줄지도 몰라', '좀 더 비싸고 멋진 선물을 부모님께 드리면 기뻐해주실 지도 몰라' 등, 아이 나름대로 고민해서 다시 과도한 노력을 한다. 하지만 이 역시 보답을 받지 못한다. 그 결과 실망하고 무력감에 괴로워하며 더욱더 자존감이 낮아진다.

결국 부모에게 인정받고 사랑받기 위해서 과도한 헌신을 하지만 보답받지 못하고 침울해지는 것을 반복한다는 것인데, 이것은 성인이 되어도 계속된다.

1장에서 부모에게 경제적인 도움을 요청받으면 그것이

자신을 필요로 하는 증거라고 받아들이고 금방 돈을 줘버리는 '착취 아이'를 소개했지만, 이러한 과도한 헌신으로 인해 본인이 경제적으로 곤궁해지는 일도 많다.

강한 죄책감

공격적인 부모 밑에서 자라면 죄책감이 강해진다. 이것은 당연하다. 왜냐하면 자식에게 심한 욕을 하거나 폭력을 휘두르는 부모는 2장에서 설명한 것처럼 자기정당화를 하는 경우가 많은데, 이를 위해서 '네가 나쁘니까', '네가 잘못했으니까'라는 메시지를 아이에게 주입하기 때문이다.

이런 부모는 자식에게 죄책감을 품게 만드는 달인이다. 뭔가 잘 안되면 그 책임은 너에게 있으며, 나쁜 것은 너라는 식으로 교묘하게 믿게끔 한다.

2장에서 예를 들었던 유이치로는 "재미있는 계획이 있었는데 너 때문에 다 망쳤어"라고 미아 양을 혼내고 욕실에 가둔 채 계속 세워뒀다고 하는데, 이것은 딸에게 '네가 나쁘다'라고 믿게 해서 자신의 학대를 정당화하기 위해서일 것이다.

그날도 미아 양을 욕실에 서 있으라고 한 이유는 새해 전날 가족이 해넘이 국수(도시코시소바)를 먹는데 미아 양이 맛있게 먹지 않았다는 이유였던 것 같다. 이것은 딸에게 생트집을 잡은 것으로밖에 생각할 수 없다. 다시 말해, 자식의 흠을 찾아 조금이라도 자기 마음에 들지 않으면 심하게 나무라는 것이다. 자식에게 '내가 나쁘니까 혼난다', '나는 문제가 많은 아이니까 맞아도 어쩔 수 없다'라고 생각하게 만들기 위해서다.

그렇게 만들기 위해 독특한 표현을 쓰는데 "네가 더 조심했으면 이런 일은 일어나지 않았을 거다", "네가 조금이라도 부모를 생각하는 아이라면 부모에게 말대답 같은 것을 할 리가 없다", "너에게 좀 더 배려심이 있었다면 그런 일은 하지 않았을 것이다"라는 식으로 자식 탓을 하는 것이다.

또는 부모가 폭력을 휘두르는 잘못을 저지르고도 그렇게 만든 것은 자식이라는 말을 하는 경우도 있다. 예를 들어, "네가 쓰레기 같은 짓을 하니까 내가 화가 나서 때릴 수밖에 없잖아. 때리면 내 손도 아파"라고 말하는 식이다.

이렇게 자식에게 죄책감을 안기고 '내가 끔찍한 처사를

당하는 것은 내 책임이다'라고 믿어버리게 한다. 그래서 다음과 같은 말을 자주 사용한다.

- "일이 잘 안되는 것은 너에게 그럴 만한 점이 있기 때문이다" → 일이 잘못된 것은 다 네 탓이라고 자식을 비난하기 위한 말
- "무슨 일이든 능력이 없으면 제대로 해낼 수 없다" → 너에게 능력이 없으니까 이렇게 된 것이라고 자식을 탓하기 위한 말
- "이것저것 변명하는 놈이 있는데 대부분은 그런 말을 하는 본인이 더 나쁘다" → 말대답을 하거나 불만을 말하는 자식을 혼내기 위해 하는 말

또 자기정당화를 위해서 이렇게 말하는 경우도 많다.

- "부모자식 간에는 무엇이든 이야기하는 게 좋다" → 자식을 비난하거나 매도하는 부모 자신을 정당화하기 위한 말
- "사랑하니까 엄하게 하는 거야" → 학대는 사랑의 증거라며 학대를 정당화하기 위한 말

이런 말을 매일매일 부모가 쏟아붓는다면 '잘못된 것은 부모가 아니라 나'라고 믿게 되는 것이 무리도 아니다. 다시 말해서, 부모가 심어준 죄책감의 결과 '나는 안돼'라는 생각이 한층 강해지고 자존감은 더욱 낮아지는 것이다.

분노로 인한 약자 괴롭힘

아무리 부모가 죄책감을 심어줘서 '내가 못하니까 혼난다', '내가 나쁘니까 맞는다'라고 믿어도 오랜 기간 부당하게 참을 것을 강요당하면 큰 분노가 치밀어 오른다.

성장함에 따라 다른 집 부모들은 자식에게 필요한 것을 해주고 욕하거나 때리는 일도 없다는 것을 점점 알게 되기 때문에 '왜 나만 이런 일을 당해야 하나'라는 의문을 품게 되고 분노가 더욱 격화된다.

그렇지만 그 분노를 부모에게 터뜨리지는 못한다. 설사 부모에게 욕을 먹어도 말대답을 할 수 없고, 부모에게 맞아도 같이 때릴 수는 없다. 만약 그렇게 했다가는 더 심한 폭언과 폭력이 기다리고 있을지 모르기 때문이다. 어쩌면 음식조차 주지 않을지도 모른다.

그 때문에 터뜨리지 못한 분노가 배설물처럼 쌓여간다. 그 분노를 어딘가로 내보내지 않으면 견딜 수 없기 때문에 2장에서 예로 든 '분노의 치환'에 따라 분풀이를 하지 않고는 견디지 못한다.

이렇게 쌓이고 쌓인 분노가 관계없는 곳에서 분출되는데, 분출 방법은 여러 가지다. 늘 초조해하며 정서가 불안정하고 사소한 일에 벌컥 화를 내기도 한다. 또 종종 화낼 필요가 없는 상황에서 화를 내기 때문에 친구 관계가 유지되지 않아 고립되기 쉽다.

학대 피해자인 아이는 괴롭힘 가해자가 되는 경우가 많다. 집에서 부당하게 인내를 강요당하며 분노가 격화된 아이가 그 분노를 학교에서 자기보다 약한 상대에게 터뜨려 분풀이하려고 해서 괴롭힘이 발생하는 것이다. 또한 거기에는 2장에서 언급했던 '공격자와의 동일시' 메커니즘도 작용한다.

자신이 부모에게 당했을 때 화가 났던 처사를 학교에서 찾은 약한 상대에게 똑같이 해서 분노를 극복하려고 한다. 집에서 부모에게 맞는 아이가 학교에서 다른 학생을 때린다거나, 집에서 부모에게 "이거 바보 아니야!", "너 같은 건 죽어야 해" 등의 욕을 먹는 아이가 학교에서 같은 폭언을 다른 학생을 향하여 내뱉는다.

'늘 다른 학생을 괴롭힌다', '안정감이 없고 창문을 깰 정도로 난폭하다'와 같은 문제행동으로 발달장애가 의심되어 정신과 진료를 받으러 오는 아이들이 있다. 그런 아이들의 이야기를 가만히 듣다 보면 아이가 집에서 학대를 당하고 있었다는 것을 알게 될 때가 많다.

타인을 괴롭히는 아이를 옹호하는 것은 아니지만, 부모에 대한 분노가 쌓이고 쌓여서 자기보다 약한 상대를 공격해야만 분이 풀렸던 것이리라. 이렇게 공격이 연쇄적으로 대물림되는 것을 보면 등골이 오싹해진다.

자해행동과 가정 내 폭력

부모에게 분노를 표출하지 못한 채 점점 쌓이다 보면 자해행동의 형태로 드러나기도 한다.

"학대를 경험한 사람들에게 자해행동이 발생하기 쉽다"고 하야시 나오키 테이쿄대학 부속병원 정신건강과 교수가 지적했는데, 나 또한 오랜 기간의 임상경험으로 그 의견에 동의한다.

가장 큰 원인은 분노일 것이다. 부모에게 직접 표출하지 못하는 분노가 계속 쌓이다 보면 방향을 바꿔 분노가 자신에게 향할 수밖에 없다. 그래서 손목 자해와 약물과다 등의 자해행동을 하게 되는 것이다.

특히 부모에 대한 분노가 심한 경우 손목 자해를 많이 하는 경향이 있다. 손목 자해를 반복하는 소녀 중에는 "부모님에게 화가 나지만 부모에게 칼을 휘두를 수 없으니까 대신 내 손목을 부모라고 생각하면서 긋는다"고 털어놓은 아이도 있었다. 분노를 발산할 수 있는 다른 수단이 없기 때문에 자신의 손목과 부모를 동일시해서 긋고 있는 것이리라.

그러나 이렇게 분노가 자기 자신을 향하는 상태가 길게 지속되지는 않는다. 머지않아 부모를 향해 폭언을 한다거나, 남자아이의 경우 가구나 가전제품을 부수고 부모를 때리기까지 하는 가정 내 폭력이 시작되기도 한다. 이렇게 부모에 대한 폭언이나 가정 내 폭력이 시작되면 자해행동은 가라앉는 경우가 많다.

이는 공격성이 자신을 향하여 자해나 자살미수가 빈발하는 상태와 공격성이 외부로 향하여 폭력을 휘두르는 상태가 교대로 나타나는 것으로, 이것은 분노의 화살이 자신과 타자와의 사이를 왕래하기 때문이다.

공격성이 자신에게 향하든 외부로 향하든 그 원인은 부모에 대한 분노지만, 자식을 공격하는 부모의 대부분은 본인이 옳다고 믿기 때문에 자식의 분노를 이해하려고 하지 않는다. 아니, 어쩌면 이해할 수 없는 것인지도 모른다.

그렇기 때문에 자식은 '아무리 말해도 이해해주지 않는

다'라는 절망감과 무력감에 괴로워한다. 결국 '몇 번을 말해도 끝내 이해해주지 않았다. 이제 말로는 통하지 않는다'라고 생각하게 되어 자해 또는 가정 내 폭력이라는 극단적인 수단에 의해 호소할 수밖에 없어진다.

그런데도 자해와 폭력의 형태로 드러난 아이의 절규를 이해하려 하지 않고 여전히 자신은 옳다고 생각하는 부모가 많다. 그러면 아이는 '이렇게까지 하는데 아직도 몰라주는 거야?'라고 마음속으로 울부짖으면서 점점 더 심한 행동을 하게 된다.

자해와 가정 내 폭력은 언뜻 보기에는 정반대처럼 보이지만 그 밑바탕에 잠재되어 있는 것은 모두 부모를 향한 분노다. 다만 그 공격의 화살이 아이 자신을 향하는가, 외부로 향하는가 하는 차이만 있을 뿐이다.

폭군이 되어버린 자식들

가정 내 폭력이 점점 심해져서 부모의 생명이 위협당할 정도의 심한 폭력으로 발전하기도 한다. 부모의 등에 뜨거운 물을 끼얹거나 부모를 향해서 2층 베란다에서 화분을 내던지거나 부모에게 식칼을 들이대거나 하는 것이다. 나아가 부모에게 무리한 요구를 하는 경우도 있는데, 그렇다면 이미 폭군이다.

이렇게 자식이 폭군이 되어 버리면 부모는 자식의 어떤 요구라도 들어주게 되어 마치 노예처럼 자식을 시중들게 된다. 다시 말해서, 부모가 노예화된다는 것이지만 이것은 '저 아이를 화나게 하면 다시 폭력을 휘두를지 모른다'는 두려움 때문에 자식을 마치 폭발물 다루듯 대하기 때문일 것이다.

부모가 폭군이 된 자식을 어찌해야 할지 몰라 정신병원에 입원시키기도 한다. 그런 환자의 주치의를 담당한 적이 있었다. 진찰하면서 느꼈던 것은 부모에 대한 분노와 복수심이다.

대부분 등교거부나 직장 부적응을 계기로 은둔형외톨이가 되고 얼마 안 있어 집안에서 부모에게 폭력을 휘두르면서 폭군이 된 사례가 많다. 은둔형외톨이 생활과 가정 내 폭력이 장기화되면서 본인은 앞이 보이지 않는 불안과 속수무책인 절망감으로 괴로워하는데, 이런 상황에서는 초조하고 짜증이 나는 것이 당연할 것이다.

이때 주목해야 할 것은 '당신 때문이다'라고 부모를 탓하며 폭언을 퍼붓거나 폭력을 휘두른다는 것이다. 이렇게 부모 탓을 하는 이유는 자기가 한심스러운 탓에 이런 막다른 상황에 빠진 것이라고 인정하고 싶지 않기 때문에 다른 누군가를 탓해야만 하는데, 우선 가장 가까이에 있는 부모에게 책임전가를 해버리는 것일지도 모른다.

하지만 부모를 탓하는 그들의 말을 들어보면 반드시 책임전가만이 아니라 일말의 진실이 포함되어 있다는 생각이 든다.

예를 들어 "당신이 나에게 과한 기대를 하며 공부를 강요한 탓이다", "당신이 형과 나를 항상 비교해서 이렇게 됐다", "당신 때문에 입시를 준비하느라 희생된 내 어린 시절을 돌려 달라" 등의 말이다.

물론 부모가 자식에게 과도한 기대를 했다고 해서, 형제를 차별했다고 해서, 무리하게 공부를 시켰다고 해서 자식이 모두 등교를 거부하거나 은둔형외톨이가 되는 것은 아니다. 하지만 어떤 계기로 학교나 회사에 갈 수 없게 되어 우울한 매일을 보내고 있는 자식으로서는 그 원인을 찾지 않고서는 견딜 수가 없다. 그 결과, 부모에게 들었던 말이나 당했던 일에 도달하는 것이고, 실제로 그런 일이 있었는지 부모에게 확인해보면 대부분 사실이었다는 것을 알 수 있다.

이처럼 정신과의사로서의 임상경험으로 볼 때 자식이 폭군이 되는 최대 원인은 부모에 대한 분노와 복수심이라고 단언할 수 있다. 부모 입장에서는 자각하지 못했겠지만 자식의 분노를 불러일으키는 행동을 해왔고, 그러면서도 자식의 분노를 정면에서 마주하려고 하지 않았기 때문에 복수를 당하는 상황이 되어 버린 것이다.

144

경쟁교육에 집착하는 가치관

그렇다면 자식의 분노를 불러일으키는 것은 무엇인지에 대해 이야기를 해보자. 물론 자식을 향한 폭력이나 폭언, 무시와 방치가 가장 큰 원인이겠지만, 최근에는 '좋은 학교', '좋은 회사'에 들어가는 것이야말로 행복으로 이어진다는 가치관에 사로잡혀 공부를 최우선시하는 경쟁교육이 꽤 큰 비중을 차지하고 있는 것으로 보인다.

은둔형외톨이 생활을 하는 젊은이들의 재출발을 지원하는 NPO법인 '뉴스타트 사무국' 대표인 후타가미 노우키 씨도 "승자그룹이 되는 것 외에는 살길이 없다"라는 좁은 가치관으로 자식을 경쟁에 몰아넣는 교육이 모든 문제의 근원이라고 주장하고 있다.

물론 어떤 부모라도 '자식이 공부를 잘했으면 좋겠다', '자식을 좋은 학교, 좋은 회사에 보내고 싶다'고 생각할 것이다. 이런 바람의 밑바탕에는 자식의 행복을 바라는 마음뿐 아니라 '자식을 승자그룹에 들게 해서 과시하고 싶다', '자식이 패자그룹이 되면 창피하다'라는 마음도 종종 숨겨져 있지만, 대부분의 부모는 자각하지 못한다.

이런 불순한 마음이 뒤섞여 있기 때문에 경쟁교육에 집착하는 부모는 자식의 있는 그대로의 모습을 좀처럼 받아들이지 못한다. 그중에는 성적이 나쁜 자식은 자기 자식이 아니라고 생각하는 부모도 있다.

이런 부모의 마음은 입 밖으로 내뱉지 않아도 이심전심으로 자식에게 전달된다. 물론 "왜 너는 공부를 못하니"라고 자식에게 직접적으로 말하는 부모도 있을 것이다. 어느 쪽이든 경쟁교육에 집착하는 부모에 의해 세뇌당한 자식도 승자그룹이 되어야만 한다고 믿게 된다.

열심히 공부해서 성적이 잘 나오는 동안은 문제가 표면화되지 않는다. 하지만 극히 적은 수의 지극히 우수한 학생을 제외하면 계속 승자그룹에 있을 수는 없다. 언젠가, 어디에선가는 걸려 넘어질 때가 있기 마련이다. 그럴 때, 부모의 경쟁교육으로 인해 세뇌된 사람일수록 좀처럼 다시 일어서지 못한다.

노력해서 '좋은 학교'에 들어갔는데 사소한 계기로 등교 거부를 시작해서 장기화가 되는 경우도 있고, 힘들게 취업한 회사를 그만둔 후 '좋은 회사'에만 너무 집착해서 재취업할 곳을 찾지 못 하는 일도 있다.

이것은 "승자그룹이 되는 것 외에는 살길이 없다"라는 좁은 가치관을 부모에게서 주입받은 탓에 실패했을 때 다른 길을 떠올리지도, 찾지도 못하기 때문일 것이다.

만약 다른 길을 선택했더라도 이제까지 자신을 지탱해왔던 '공부 잘하는 아이'라는 프라이드가 원인이 되어 '나는 패자그룹이다'라는 콤플렉스에 항상 시달린다. 이것이 거기서 벗어나려고 하는 기력을 꺾기도 한다.

그러므로 "승자그룹이 되는 것 외에는 살길이 없다"라는 가치관을 자식에게 강요해서 아이를 좁은 외길로 몰아넣는 부모는 알아두어야 한다. 자신들의 비뚤어진 교육 때문에 다시 일어서지 못하는 자식이 가정이라는 밀실에서 폭군이 되어 부모를 노예처럼 부리게 된다면, 이를 자식의 복수로 받아들여야 한다는 것을 말이다.

그리고 자신이 옳다고 믿어 온 가치관에 물음표를 던지지 않는 한 자식의 폭군화를 막을 수 없다는 사실도.

가정 내 스토커

자식이 가정 내에서 폭군이 되어 버리면 '가정 내 스토커'가 되는 경우도 있다. '토키와 정신보건사무소'를 설립한 오시카와 타케시 씨에 따르면 '가정 내 스토커'의 연령은 대부분 삼십 대부터 사십 대가 많으며, 장기간 은둔형외톨이나 무직 상태로 지내면서 폭언이나 폭력으로 부모를 괴롭힌다. 또한 정신과 진료 이력이 있는 경우가 많은데, 가족들은 어떻게 해야 좋을지 몰라 방치하고 있는 경우가 대부분이라고 한다.

오시카와 씨는 또 하나의 특징으로, 당사자가 꽤 훌륭한 학력이나 경력을 갖고 있는 경우를 예로 들고 있다. 대학 진학률이 높은 명문 고등학교에 다니다가 대입에 실패했거나, 대학 졸업 후 꽤 좋은 회사에 취업했지만 단기간에 이직한 예가 많다. 그들은 강렬한 좌절감을 맛보면서도 '나는 공부를 잘한다'라는 자부심을 갖고 있다는 것이다.

이러한 케이스는 오시카와 씨 사무소의 상담사례 중에서 최근 폭발적으로 늘고 있는 것 같은데, 나 또한 같은 케이스를 상담하는 사례가 많다. 특히 아는 의사의 상담이 많은데, "자식이 은둔형외톨이로 지내며 집에서 심한 폭력을 휘두르고 있다. 어떻게 하면 좋은가"라는 것이다.

커서 의사가 되는 것이 당연하다는 분위기의 가정에서 자라 초등학교 저학년 때부터 입시를 준비해 대학진학률이 높은 사립 중고교에 입학했지만, 잘하는 아이들만 모여 있는 학교에서는 성적이 하위를 맴돌면서 등교거부를 하게 된 케이스가 많았다. 또는 명문대학교 의예과를 목표로 몇 년이나 재수를 했지만 아무리 노력해도 합격하지 못하고 은둔형외톨이가 된 케이스도 있다.

마음을 바꿔서 의사 이외의 길을 선택한다 해도 이제까지 자신을 지탱해왔던 '공부를 잘한다'라는 자부심이 오히려 걸림돌이 되어 좀처럼 잘 풀리지 않는다. 다시 대입에 도전해서 의과 이외의 학부에 들어가도 '이런 레벨 낮은 애들하고 함께 공부하는 것은 싫다'라며 중퇴하거나 겨우 직업을 찾아도 '생각했던 일과 다르다'며 금방 그만두는 것이다.

그러다 보면 무직 상태가 길게 지속되면서 결과적으로는 은둔형외톨이가 된다. 그리고 가정 안에서 '이렇게 된 것은 당신 탓이다'라며 몇 시간씩 부모를 몰아세우기도 하고, 부모를 발로 차거나 밀어 넘어뜨리기도 한다. 심지어 자고 있는 부모를 깨워서 폭언을 내뱉거나 폭력을 휘두르는 일도 있기 때문에 부모는 만성적인 수면부족에 시달리며 심신이 녹초가 된다.

이러한 부모자식 관계는 부모에 대한 집요한 공격, 억압, 속박, 의존 그리고 선을 넘게 되면 상해나 살인까지도 저지르게 된다는 점에서 일반적인 이성관계의 스토커와 구조가 아주 비슷하기 때문에 '가정 내 스토커'라는 이름을 붙였다고 오시카와 씨는 말한다.

폭군화된 자식을 보면 왜 부모를 이렇게까지 공격하는지 고개를 갸우뚱할 수밖에 없다. 하지만 자식의 호소를 곰곰이 들어보면 부모에 대한 보복심리라는 걸 알 수 있다.

예를 들어 어릴 때부터 공부를 강요당해서 친구와 놀지도 못했다든지, 성적이 나쁘면 말을 한마디도 하지 않았다든지, 조금이라도 말대답을 하면 "부모한테 그게 무슨 말버릇이냐"라고 야단을 맞았다는 이야기를 많이 듣는다. 또 아이가 좌절이나 실패에 직면했을 때도 부모가 위로를 해주기는커녕 반대로 "내가 그럴 줄 알았다", "왜 그렇게 글러먹었니" 같은 질책을 했다는 이야기도 자주 듣는다.

이러한 가정에는 늘 긴장감이 흐르고 있었을 것이며, 아이가 안도감을 갖기 어려웠을 것이다. 따라서 나는 자식이 '가정 내 스토커'가 되는 배경에는 대부분의 경우 자각하지 못한 채 자식을 공격하거나 지배했던 부모의 존재가 있다고 생각한다.

오시카와 씨 또한 "가정 내 폭군으로 전락한 아이들은 자라 온 과정에서 부모의 공격이나 억압, 속박 등을 받아왔다. 부모가 자식과의 마음의 교류는 없이 지나친 간섭만 했기 때문에 강한 고독감을 느끼면서 자라왔던 것이다"라고 말한다.

전적으로 동감한다. 다시 말해서, 부모에게서 공격이나 억압, 속박 등을 당했던 복수로 자식이 '가정 내 스토커'가 됐다고 볼 수 있으므로 한편으론 부모의 자업자득이라고도 말할 수 있는 것이다.

마음의 병에 걸리는 자식들

자식이 마음의 병에 걸리는 경우도 있다. 이것은 당연하지 않을까. 자존감이 낮고 죄책감이 강하고 과다한 헌신을 하기 쉬운 사람은 그렇지 않은 사람보다 마음의 병에 걸릴 위험성이 확실히 높다.

특히 은둔형외톨이나 거식증을 보이는 다수의 아이들을 진찰해온 정신과의사 다카하시 카즈미 씨는 "사춘기가 되면 부모로부터 도망가고자 하는 마음과 따르려는 마음의 갈등으로 괴로워하다가 마음의 병에 걸리게 된다"고 하는데, 나도 같은 생각이다.

그 전형적인 증상이 거식증일 것이다. '부모의 기대를 만족시키려 애쓰는 자식'이나 '손이 가지 않는 착한 자식'이

거식증에 걸리기 쉬우며, 딸이 압도적으로 많다는 것이 정신과의사들의 공통적인 인식이다.

1장 첫 부분에 소개한 이십 대 여성이 전형적인 케이스로 과보호, 지나친 간섭, 지배적인 양육 태도를 보이며 육아의 성취감을 느끼려는 어머니 밑에서 자란 경우가 많다. 알기 쉽게 말하면, 딸을 자기 마음대로 키우려고 하며 인형처럼 취급하는 어머니다.

사춘기가 되면서 문제가 발생하는 이유는, 부모로부터 서서히 자립해 나가야 하는 시기인데도 불구하고 여전히 딸을 지배하려는 어머니에게 딸은 '착한 아이'로 있어야 하므로 반항할 수 없기 때문이다. 그래서 부모에게서 도망가고자 하는 마음과 따르려고 하는 마음의 갈등, 다시 말해서 자립과 의존을 둘러싼 갈등으로 괴로워한다.

이 갈등을 잘 처리할 수 없으면 무력감과 절망감에 시달리게 되고, 그것을 없앨 수 있는 수단 중 하나가 다이어트로 체중을 낮게 컨트롤하는 것이다. 어머니에게 늘 컨트롤 당해서 자신을 컨트롤하는 감각을 느껴본 적이 없기 때문에 체중을 컨트롤하려는 것이라고도 말할 수 있다.

이러한 컨트롤 욕구, 즉 지배욕구가 거식증의 밑바탕에 잠재해 있다. 나는 거식증이 악화되어 몸무게가 30킬로그

램으로 줄고 생명이 위험한 지경에 이른 상태에서 "엄마가 오랫동안 나를 컨트롤해 왔으니까 이제는 내가 어머니를 컨트롤할 차례에요"라고 했던 환자의 말이야말로 거식증의 핵심을 찌르고 있다고 생각한다.

왜 거식증이 생기면 어머니를 지배할 수 있을까? 체중이 급격히 줄어 위험한 상태에 빠진 딸을 앞에 두면 어머니는 우왕좌왕하며 딸의 거식증을 고치기 위해서라면 뭐든지 하겠다는 심리가 되기 때문이다. 그중에는 딸에게 휘둘리는 어머니도 있다. 따라서 거식증은 계속 딸을 지배해왔던 어머니에 대한 복수라는 견해도 가능하다.

부모에 대한 복수라는 점에서는 우울증도 마찬가지다. 프로이트는 멜랑콜리(우울)의 병리에 대해서 "직접 그 대상에게 공개적으로 적대감을 표현하는 일을 피하기 위해 스스로 병에 걸려 그 병을 통해 사랑하는 사람에게 고통을 준다. 환자의 감정장애를 유발하게 만든 상대, 그의 병이 목표로 하는 상대는 대개 환자 가까이에 있다"라고 했다.

환자는 '자기 처벌'이라는 우회로를 통해 원래 대상에게 복수하는 것으로, 복수하고 싶은 '원래 대상'이 부모인 경우도 많다.

예를 들어 부모가 형과 차별하는 문제로 괴로워하면서도

효도하면 기뻐해 줄 것이라고 생각해 필사적으로 일해서 부모를 경제적으로 도왔던 남자가, 자기가 건넨 돈으로 부모가 형과 놀러 다닌다는 것을 알고 침울해져서 우울증에 걸리는 경우처럼 말이다.

물론 아무리 노력해도 자신은 부모에게 사랑받지 못하고 변함없이 형만 사랑받는다는 것을 뼈저리게 느낀 쇼크가 있을 것이다. 하지만 그것만은 아니다. 역시 부모에 대한 강한 분노가 숨겨져 있다고 볼 수 있다.

고대 로마의 철학자 세네카는 "분노란 부당한 일에 대해서 복수하려는 욕망"이라고 정의했다. 즉, 분노로부터 복수심이 태어난다. 그러므로 복수를 위해서 우울증에 걸렸다는 견해도 가능하다. 우울증에 걸려서 일할 수 없으면 부모에게 경제적 도움을 줄 수 없고, 부모가 곤란해질 가능성이 높기 때문이다.

거식증이든 우울증이든, 부모에 대한 복수심을 충족하기 위해서 자신이 마음의 병에 걸리는 '자기처벌' 외에 다른 방법이 없었다는 것에 가장 큰 비극이 있는 것은 아닐까.

4장

처방전

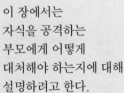

이 장에서는
자식을 공격하는
부모에게 어떻게
대처해야 하는지에 대해
설명하려고 한다.

부모를 바꾸는 것은 불가능하다

    우선 명심할 것은 이런 식의 부모를 바꾸는 것은 거의 불가능하다는 것이다. 왜냐하면 이런 부모의 대부분이 자신은 옳다고 믿고 있으며 자식을 공격하고 있다는 자각도, 지배하고 있다는 자각도 하지 못하기 때문이다. 또 자각했다고 해도 어디까지나 자식을 위해서라고 굳게 믿고 있다.

    부모 자신이 이루지 못했던 꿈을 아이에게 실현시키려고 스파르타식 교육을 시키고 때로는 폭력을 휘두르면서도 '이렇게 해야 자식이 행복해지니까 마음을 독하게 먹고 질타·격려할 수밖에 없어'라고 생각하는 경우가 많은 것이다.

    혹은 '나는 자식을 위해 많은 것을 희생해 왔으니까 이 정도는 내 뜻대로 해도 괜찮아'라고 생각하는 부모도 있다. 세 살 버릇 여든까지 간다는 속담대로, 부모의 이러한 잘못된 믿음은 어쩌면 죽을 때까지 고쳐지지 않을 것이다.

나 또한 '어머니는 옳다고 생각하셔도 저는 그렇게 생각하지 않아요. 그리고 엄마의 행복과 나의 행복은 달라요. 그러니까 제가 사는 방식을 인정해주세요'라는 메시지를 끊임없이 보냈지만 어머니의 사고방식은 바뀌지 않았다.

그 때문에 어머니의 행복과 나의 행복은 다르다는 너무도 당연한 사실을 어머니에게 인정받는 것이 거의 불가능하다는 것을 깨달았다. 80세를 넘긴 어머니와 마주할 때마다 아직도 '이분은 자신이 절대적으로 옳다고 믿고 있다. 그러니까 이분을 바꾸려 하는 것은 무리다'라고 뼈저리게 느낀다.

그렇게 느끼는 것은 나뿐만이 아닌 것 같다. 지인인 사십 대 여성의 이야기를 소개한다.

66 어머니는 옛날부터 제가 하려는 것에 하나하나 참견을 했어요. 예를 들면, 중학교에서 브라스밴드부에 들어가고 싶어 했던 저에게 "네 나이 때는 체력을 다져야 해"라며 강제로 운동부에 가입하라고 했습니다. 저는 어쩔 수 없이

농구부에 들어갔지만 생각보다 연습이 너무 힘들어서 중1 후반에는 포기했습니다. 어머니는 탈퇴해서 필요 없어진 연습복을 나에게 던지면서 "기껏 사줬더니 쓸데없는 짓을 했네! 무슨 애가 이렇게 근성이 없어!"라고 힐난했습니다.

친구를 집에 데리고 왔을 때 그 아이 앞에서 "이런 아이랑 놀면 안 돼"라는 말을 들은 적도 있어요. 어머니 마음에 들지 않으면 아무것도 허락해주지 않았어요. 고등학교 졸업 후엔 저에게 치과위생사가 되라면서 직업전문학교에 보내려고 했어요. 아마 어디서 치위생사는 안정된 직업이라는 말을 들은 것 같습니다. 하지만 저는 전혀 흥미가 없었어요. 그래서 엄마와 심하게 부딪쳤고 집을 나왔어요.

그 후에도 제가 하는 일에는 늘 트집을 잡았어요. 제 결혼도 계속 반대했는데 어쩔 수 없이 결혼을 허락하긴 했지만 결혼식 날 전혀 웃지도 않았어요. 결국 저는 친정에 잘 안 가게 되었고, 수년 전 아버지가 돌아가신 후론 어머니와 거의 연락도 하지 않고 지냈습니다. 저에게는 두 살 어린 남동생이 있는데 동생도 본가와는 소원해진 것 같습니다.

갑자기 어머니에게 전화가 온 것은 작년이었습니다. 초기 위암이 발견되어 병원에 입원했다면서요. 아무래도 모른척하지는 못하겠더라고요. 그래서 저는 병원으로 달려갔습니다. 그랬더니 어머니가 내 손을 잡고 "지금까지 너에게 심하게 대해서 미안했다"라면서 우셨어요.

그때 저도 왠지 모르게 같이 울었어요. 그리고 이제껏 어머니와 거리를 뒀던 것이 너무 죄송하다는 생각을 했어요. 어머니가 입원한 병원은 차로 1시간 반 정도 걸리는 곳이었지만, 저는 이틀에 한 번 이상은 얼굴을 내밀려고 했습니다.

처음 얼마간은 정말 평온했어요. 하지만 수술이 끝나고 일주일 정도 지나자 엄마의 태도가 점점 바뀌었습니다. 제가 뭘 잊어버리면 "왜 말한 것도 제대로 못 하니!"라고 큰소리를 냅니다. 또 제 아이들의 진로가 마음에 들지 않는 듯 사사건건 빈정거립니다.

처음에는 어머니가 과거와 달라졌다고 생각했어요. 하지만 자기 말을 듣지 않으면 언짢아하는 모습은 지금도 완전히 똑같아요. 역시 어머니와는 만나지 않는 것이 좋을 뻔했나 후회를 하기도 합니다. "

인간의 근본적인 성격은 좀처럼 변하지 않는다. 이 여성의 어머니처럼 표면적으로는 변한 듯 보여도 시간이 지남에 따라 본래의 성격이 불쑥 얼굴을 내미는 일이 많다.

정말 나쁜 것은 자식이 아니라 부모

공격적인 부모에게 계속 괴롭힘을 당하면서도 언젠가는 자신이 받은 고통을 부모에게 이해받고 싶다는 바람, 혹은 이해해주지 않을까 하는 기대를 품게 될지도 모른다.

하지만 공격적인 부모가 당신의 아픔을 이해해주는 일은 거의 있을 수 없다. 하물며 사과 같은 것은 바랄 여지도 없다. 그러므로 부모가 언젠가는 마음을 바꿔먹고 당신의 아픔을 이해해주고 사과할 것이라는 환상은 버리는 것이 자신을 위해 좋다.

이런 기대나 환상을 품고 사는 것은 법정에서 피해자의 인생을 엉망으로 파괴한 가해자에게 자신의 범죄행동의 중대성을 인정하고 진심으로 사죄하기를 원하는 것과 같다.

피해자의 아픔에 공감하고 진심으로 후회하는 범죄자는 극히 드물다는 것을 알아야만 할 것이다.

물론 자기 부모를 범죄자와 동급으로 생각하는 것에는 저항감이 생길 수도 있다. 하지만 2장에서 예로 든 유이치로를 상기하기 바란다. 그는 "훈육한 것이고 그게 잘못이라고 생각하지 않는다"라고 진술했는데, 학대로 고발당한 부모가 똑같은 진술을 하는 경우는 많다. 이런 부류의 부모는 학대 사실을 완강하게 부정하고 혹시 과도한 행위가 있었더라도 어디까지나 훈육을 위해서였으며 애정에서 나온 행동이라고 자기정당화를 한다.

또 자식에게 배은망덕하다고 욕을 퍼부으면서 죄책감을 주려고도 한다. 이것은 앞에서 말했듯이 자신은 옳다고 믿고 있기 때문이다. 이 믿음 탓에 뭔가 제대로 되지 않으면 남 탓을 하게 되고 그 책임전가의 대상이 자식이 되는 일이 많다.

게다가 이러한 부모는 죄책감을 불러일으키는 달인인 경우가 많다. 그래서 자식은 자신에게 책임이 있다고 믿게 되기 쉽다. 예를 들어, 부모가 분풀이로 자식을 때리면서도 "네가 나빠서야"라고 나무라면 아이도 '내가 잘못해서 맞는 거야'라고 믿어버리는 것이다.

이러한 경우, 아이는 자신을 비난하고 죄책감에 괴로워한다. 하지만 정말 나쁜 것은 분풀이로 자식을 때리는 부모이므로 그들이 진짜 '나쁜 부모'라는 것을 우선 깨달아야만 한다. 물론 자신의 부모가 나쁜 부모라는 사실은 받아들이기 힘들 것이다. 그렇기 때문에 많은 아이들이 부모에게 아무리 심한 처사를 당해도 현실에서 눈을 돌리고 '나를 생각하니까 이렇게 하는 거야', '내가 말을 잘 들으면 이런 일을 당하지 않을 수 있을 거야' 등의 생각을 하며 자신을 타이른다.

하지만 이렇게 현실을 왜곡하고 무리해서 좋은 부모라고 믿으려 하는 것이야말로 위험하다. 때로는 몸 상태가 안 좋아지면서 두통이나 복통, 가슴 두근거림이나 구토 등의 증상이 발현되기도 한다. 그러므로 한시라도 빨리 정말 나쁜 것은 내가 아니라 부모라는 것을 깨달아야만 한다. 그리고 그러한 부모를 이해하려는 마음을 버려야만 한다.

부모에게 분노나 증오를 품어도 괜찮다

자신의 부모가 '나쁜 부모'라는 것을 깨닫는 순간 지금까지 부모에게 당했던 처사나 폭언이 머릿속에 떠올라 분노를 느낄 수 있다. 증오심마저 생길 수도 있다.

부모에 대해 이런 부정적인 감정을 품는다는 것은 말도 안 된다고 생각하는 사람도 있을 것이다. 그런 사람은 '나는 어쩌면 이렇게 못된 아이일까'라고 자신을 나무라고 죄책감을 느끼겠지만 그럴 필요가 없다.

왜냐하면 부모에게 분노나 증오심을 갖는 것은 오히려 자연스러운 현상으로, 많든 적든 누구나 갖고 있는 감정이기 때문이다. 물론 부모에게 애정만을 갖는 것이 당연히 좋겠지만 인간의 감정은 그렇게 단순하지 않다. 오히려 여러 가지 감정이 뒤섞여있는 사람이 압도적으로 많다.

이를 잘 표현한 것이 '애증일여(愛憎一如)'라는 불교용어다. 사랑과 증오는 꼬아놓은 새끼줄과 같아서 밀접하게 연결되어 있다는 의미로, 남녀관계도 깊이 사랑하면 할수록 배신당했을 때의 분노와 증오도 격심해진다.

부모자식 관계도 마찬가지다. 부모에게 사랑받고 싶다는 애정욕구가 강하기 때문에 소홀하게 취급되거나 심하게 욕을 먹어서 사랑받지 못한다고 느끼면 화가 난다. 그리고 자신이 아무리 노력해도 부모의 사랑을 얻을 수 없다는 것을 깨닫게 되면 증오까지 느끼게 되는 것이다.

다시 말해서, 부모에게 사랑받고 싶은데 사랑해주지 않기 때문에 분노나 증오를 느끼는 것으로 그 이면에는 사랑이 있다. 이처럼 동일 인물에게 사랑과 증오라는 상반된 감정을 느끼는 것을 정신분석학에서는 '양가감정'이라고 부르는데, 의미는 '애증일여'와 거의 같다.

불교와 정신분석학은 전혀 다른 분야다. 그럼에도 불구하고 사랑과 증오라는 상반되는 감정을 동일 인물에 대해 품을 수 있다는 것을 각각 다른 말로 설명한 것을 보면, 이런 정신상태가 인간에게 보편적인 것이기 때문일 것이다.

그러므로 당신이 부모에 대해서 분노와 증오를 품고 있

어도 그것 때문에 죄책감을 느낄 필요는 없다. 왜냐하면 그 것은 강한 사랑의 반증이기 때문이다. 무엇보다도 부모에 게 분노와 증오를 품고 있는 사람은 당신 이외에도 많다. 그 러므로 그런 감정을 갖고 있는 것은 인간으로서 오히려 당 연한 것이라고 생각해야 한다. 그렇게 생각하면 자신을 비 난할 필요가 없어지므로 마음이 편해질 것이다.

부모를 용서할 필요는 없다

자신의 부모가 '나쁜 부모'라는 것을 깨달았다면 부모를 용서할 필요는 없다. 《독이 되는 부모》의 저자 수잔 포워드도 이렇게 말한다.

"부모를 용서해야만 자기 자신을 좀 더 좋게 느끼거나 삶을 변화시킬 수 있는 것은 아니다!"라고 단언하고 '용서야말로 치유를 위한 첫걸음'이라는 생각에 이의를 제기했다. 그 이유로 다음과 같이 기술하고 있다.

❝ 인간의 감정은 이치에 맞지 않는 것을 무조건적으로 받아들일 수 없다. 용서해야만 한다는 이유로 억지로 용서한다고 해도, 그것은 자신을 속이고 있는 것에 불과하다. 분

노가 정말 사라진 것이 아니라 마음속 깊이 틀어박혀 있을 뿐이다. 이것의 가장 위험한 면은 꽉 막혀 있는 감정을 발산할 기회를 막아버린다는 것이다. 하지만 '용서했다'고 말한 이상, 그 분노를 인식할 수 없게 된다. **"**

마음 깊숙한 곳에 틀어박혀 있기 때문에 인식할 수 없는 감정을 정신분석에서는 '억압된 감정'이라고 부른다. 특히 '억압된 분노'는 여러 가지 형태로 표면화되어 우리를 괴롭히는데, 대개 다음의 두 가지 형태로 드러난다.

우선 3장에서 썼듯이 마음의 병이 되는 경우, 특히 우울증이 되는 경우가 많다. 부모에게 직접적인 분노나 적대감을 보일 수 없으면 반전되어 자기 자신을 향한다. 그리고 병에 걸려 부모를 괴롭히려고 한다. 다시 말해서, 자해라는 우회로를 통해 부모에게 복수하려고 하는 것이지만 대부분의 경우는 무자각 상태다.

다른 하나는 2장에서 이야기했던 '분노의 치환'에 의해 분노의 칼날을 전혀 관계없는 상대에게 돌리는 경우로, 알기 쉽게 말하면 분풀이다.

부모에게 화를 내고 싶은데 그럴 수 없어서 억압하다 보면 분노가 점점 쌓여가고, 쌓인 분노를 어딘가에 터뜨리지 않으면 마음의 균형을 잡을 수 없기 때문에 아무에게나 분풀이를 해버린다. 그렇기 때문에 항상 신경질적으로 보이고 '분노 조절이 안 되는 사람', '무서운 사람'으로 주변 사람들에게 인식되는 일이 많다.

어느 쪽이든 무리하게 부모를 용서하기 위해 자신의 분노로부터 시선을 돌리면 그다지 좋은 결과를 얻지 못한다. 분노는 무언가 받아들이기 힘든 일이 있을 때 경고해주는 사인이므로 자신의 분노와 제대로 대면해야 한다.

당신이 모욕을 당하거나 무시를 당하거나 이용당했다고 느끼기 때문에 분노가 올라오는 것이다. 그러므로 분노를 느꼈다면 그 원인이 무엇인지를 정확하게 분석해야만 하고, 원인이 부모이며 부모가 반성도 사과도 하지 않는다면 반드시 부모를 용서할 필요는 없다. 오히려 자신의 감정에 충실해져야만 한다.

용서하려고 애쓰지 않는다

부모를 용서할 수 없어서 괴로워하는 분에게는 용서하려고 애쓰지 말라고 말해주고 싶다.

용서하려고 애를 쓰는 성실하고 순수한 사람일수록 쉽게 용서하지 못하는 자신을 비난하고, 어떻게든 용서해야 한다는 마음과 결코 용서할 수 없는 마음의 갈등으로 괴로워하기 때문이다. 이와 같은 갈등에서 빠져나오려면 '용서해야만 한다'는 관념을 그대로 받아들이지 말아야 한다. 우리는 어릴 때부터 '용서해야만 한다'는 논리를 가정과 학교에서 배워왔고, 이러한 통념은 사회 전체적으로 퍼져있으며 이를 외치고 있는 종교도 있다.

그러나 한번 생각해보기 바란다. 간단하게 용서할 수 있다면 굳이 강조하며 가르칠 필요는 없지 않을까. 실제로는 용서하는 것이 어렵기 때문에 '용서해야만 한다'라고 가정과 학교, 그리고 사회에서까지 반복해서 가르칠 필요가 있는 것이다.

이러한 관념을 철저히 가르치는 것은 《문명 속의 불만》에서 프로이트가 적절하게 지적한 것처럼 "인간은 인간에게 늑대"이기 때문이다.

프로이트에 따르면 "인간은 이웃을 상대로 자신의 공격본능을 만족시키고, 아무 보상도 주지 않은 채 이웃의 노동력을 착취하고, 이웃의 동의도 받지 않은 채 이웃을 성적으로 이용하고, 이웃의 재물을 강탈하고, 이웃을 경멸하고, 이웃에게 고통을 주고, 이웃을 고문하고 죽이고 싶은 유혹을 느끼는 존재"다.

안타깝지만 이것은 진실이라고 인정할 수밖에 없다. 이 책에서 지금까지 보았듯이 부모조차도 무자각인 상태로 자식을 상대로 공격본능을 채우기도 하고 고통을 주기도 한다. 경우에 따라서는 부모가 자식의 동의 없이 성적으로 이용하기도 하고 살해하는 일까지 있을 것이다.

부모의 책임으로 피해를 당했다면 용서할 수 없다고 분노하는 것은 당연하다. 3장에서 기술했듯이 분노에는 복수심이 따라오기 마련이므로 어떠한 제동장치가 없다면 '당한 대로 갚아준다'는 생각으로 복수를 한다고 해도 이상할 것이 없다.

그러면 어떻게 될까? 부모를 공격하고 최악의 경우엔 살해하게 될지도 모른다. 부모도 가만히 앉아서 죽을 수는 없으니 '당하기 전에 내가 먼저 죽이자'는 식으로 자식을 죽이는 죄를 범할지도 모른다.

이렇게 부모를 죽이거나 자식을 죽이는 일이 빈발하면 가정과 사회는 붕괴될 것이다. 그런 일이 생기는 것을 막기 위해 사회는 '용서해야만 한다'고 철저히 가르쳐서 제동을 걸고자 하는 것이다. 용서해야 한다고 생각하지만 용서할 수 없어 고민하고 있는 분들은 반드시 이것을 염두에 두기 바란다.

물론 용서하는 편이 좋겠지만 실제로는 용서할 수 없는 경우가 많다. 어린 시절 부모에게 당한 고통스럽고 슬픈 기억 때문에 지금도 괴로워하고 있다면 부모를 용서할 수 없는 것이 당연하다. 아이였던 당신에게는 책임이 없기 때문이다. 따라서 부모를 용서하려고 애쓰는 것을 한시라도 빨리 그만두어야 한다.

용서에 집착할수록 용서하기 힘들다

'용서해야만 한다'라는 굳은 신념을 갖고 있는 사람은 가정이나 학교, 직장, 사회 등에서 암암리에 자신에게 기대되거나 요구되는 것이 무엇인가를 민감하게 감지한다. 그리고 가능한 한 그것에 맞춰 행동하려고 한다. 다시 말해서, 자기도 모르는 사이에 '타자의 욕망'을 충족시켜 주려고 하므로 아무래도 과잉적응증후군이 되기 쉽다.

이것은 '초자아'가 강한 탓으로 생각된다. 초자아란 '자아에서 분리된 비판적인 심판'으로, 통상적으로는 '양심'이라고 불린다.

초자아는 주로 부모에게 배운 규범이나 가치관에 의거해서 형성된다. 당연히 규범의식이 강한 가정에서 엄격하게 자랐다거나 오직 하나의 가치관만이 옳다고 반복해서 배우면 초자아가 강해진다. 1장에서 소개한 사례 중 자식을 지배하려고 하는 부모나 규칙을 만들어서 따르게 하려는 부모는 아이의 초자아를 강화시킬 가능성이 높다.

초자아가 강한 것은 어찌 보면 좋은 것으로 생각될지도 모른다. 확실히 초자아가 강한 사람은 부모가 새겨놓은 양심에 따라서 행동하는 경우가 많다. 그래서 다른 사람에게 손가락질당할 만한 짓을 하지 않으려고 늘 자신을 타이르며 '좋은 사람'이 되려고 최대한의 노력을 한다.

다만 '지나침은 모자람만 못하다'라는 말이 있듯이 초자아가 너무 강하면 열심히 노력하고 있어도, 제법 잘하고 있어도 자아에 대해서 지나칠 정도의 가혹함과 엄격함을 보인다. 그 때문에 다른 사람이라면 신경도 쓰지 않을 만한 사소한 일로 죄책감에 시달리면서 '나는 역시 안된다'라고 생각해버린다.

또 '~해야만 한다'는 의식이 강해서 '용서해야만 한다'는 생각도 강하다. 하지만 자신에 대해서 엄격한 만큼 타인에 대해서도 엄격해지기 때문에 그리 간단히는 용서할 수 없을 것이다. 그 때문에 용서하지 못하는 자신을 비난하는 경우도 많다.

부모에 대해서도 용서하려고는 하지만 엄격한 시선으로 보게 되어 좀처럼 용서할 수 없을지도 모른다.

　이러한 강한 초자아는 오랜 세월에 걸쳐서 부모로부터 새겨진 규범의식과 가치관의 영향을 받는다. 그렇기 때문에 아무리 노력해도 부모를 용서할 수 없다면, 부모의 지나치게 엄격한 규범의식과 획일적인 가치관의 영향은 아닌지 의심의 시선을 돌려야 한다.

무리해서 용서하려고 하면 심신이 병든다

용서하려고 애쓰는 것을 멈추어야 하는 이유는, 무리하게 용서하려고 하는 사이에 여러 가지 병의 증상이 발현되는 사례가 많기 때문이다.

어릴 때부터 어머니의 과보호와 지나친 간섭 때문에 매우 괴로웠지만 반론도 반항도 할 수 없었던 삼십 대 여성의 이야기다.

66 이 여성은 중학생 때 섭식장애로 정신과에서 통원치료를 받은 적이 있었다. 어머니는 주치의에게 "어머니가 과보호를 하면서 따님을 자신의 마음대로 하려고 한다"는 주의를 듣고 얼마간은 딸의 생활에 간섭하는 것을 피했으나

섭식장애가 좋아지자 다시 무슨 일이든 참견하기 시작했다. 섭식장애가 좋아졌다고는 해도 완치된 것이 아니라 어머니가 '~해야만 한다'는 설교를 할 때마다 이 여성은 어머니 몰래 먹고 토하기를 반복했다고 한다.

대학을 졸업하고 취업해서 독립하게 된 이후에는 어머니에게 전화가 올 때마다 두통이 생기거나 밤에 잠을 제대로 잘 수 없었지만 최대한 본가와 거리를 두고 있었기 때문에 과식이나 구토는 가라앉은 상태였다.

이윽고 그녀는 직장 선배와 결혼했다.

이 여성은 섭식장애에 관한 책을 닥치는 대로 읽었고, 지배적이며 뭐든지 자기 뜻대로 하지 않으면 직성이 풀리지 않는 자신의 어머니가 자식에게 섭식장애가 생기게 만드는 전형적인 어머니라는 것을 알고 있었다. 또 그런 어머니를 용서할 수 없다고 생각했기 때문에 가능하면 본가와는 거리를 두고 싶었다.

하지만 남편은 "당신이 친정에 가지 않으면 내가 못 가게 하는 줄 아실 거야"라고 걱정하며 본가에 전혀 가지 않는 아내를 설득했다.

이 여성은 남편에게 자기가 어릴 때 공부든 뭐든 어머니의 뜻대로 하지 않으면 심하게 매를 맞았던 것과 어머니 마음에 드는 친구하고만 놀게 했던 것을 지금도 용서할 수 없다고 이야기할까 고민했다. 하지만 자기 부모의 욕을 하면 남편이 싫어할 것 같아서 그만두었다. 남편의 부모님은 두 분 모두 따뜻하고 아들의 자주성을 존중하는 타입이었기 때문에 이 여성의 어머니 같은 사람이 존재한다는 것 자체를 상상조차 할 수 없었을지도 모른다.

그녀는 이런 따뜻한 남편의 영향을 받아 어머니를 용서해야만 한다고 생각하게 되었다. 용서할 수 없다는 생각을 질질 끌고 가봤자 자신에게도 좋을 것이 없고, 이제 결혼해서 성도 바뀌었으니 어머니도 조금은 조심해주지 않을까 하는 기대가 있었기 때문이다.

하지만 너무 쉽게 생각한 것이었다. 취직한 이후 소원하게 지냈던 딸이 결혼해서 남편과 함께 빈번하게 집에 와 주니 기뻤던 탓일까. 아니면 웬만한 일은 허용된다고 생각한 것일까. 어머니는 딸의 신혼생활에 끊임없이 간섭하기 시작했다.

무엇보다도 힘든 것은 어머니가 지속해서 손주 얼굴을 빨리 보여 달라고 하는 것이었다.

이 여성은 어릴 때부터 어머니에게 꼭두각시처럼 취급당했다고 느끼고 있었다. 그래서 자신이 아이를 낳으면 자기도 어머니처럼 지배적인 어머니가 될까 봐 두려워하고 있었다.

게다가 직장 일에 보람을 느끼고 있어서 지금 당장 아이를 낳고 싶다는 생각은 없었다. '생기면 낳고 아니면 됐다'라는 정도였다. 남편도 "아직 내 월급이 많지 않으니까 급하게 생각할 필요는 없어"라고 찬성해주었다.

그러나 어머니는 결혼하고 2년이 지났는데도 임신을 하지 않는다며 "빨리 낳지 않으면 때를 놓치고 말아"라면서 불임치료 전문병원의 팸플릿까지 받아왔다. 게다가 남편에게까지 "불임은 남자 쪽이 문제가 있을 수도 있으니까 함께 검사를 받아보는 게 좋겠네"라는 말을 했다.

그 순간, 늘 온후한 남편의 안색이 싹 바뀌는 것을 보았다. 이 여성은 '나는 엄마 같은 엄마가 되고 싶지 않아서 아이를 낳기 싫단 말이에요!', '엄마가 우리 집에 매일같이 와서 사사건건 참견하는데 부부만의 시간을 어떻게 가져요!'라고 소리를 지르고 싶었지만 역시 그렇게는 하지 못했다.

그날 밤, 거의 10년 만에 처음으로 먹고 토했다. 어머니의 무신경한 간섭이 진저리가 났던 것일까, 따뜻한 남편의 애정을 잃게 될까봐 두려웠던 것일까, 혹은 전혀 변하지 않는 어머니에 대해 분노와 무력감을 느꼈기 때문일까…. 어느 쪽이든 어머니를 용서하려고 열심히 노력했지만 역시 무리라는 현실에 직면하면서 과식과 구토라는 증세가 재발한 것이다. "

이처럼 무리해서 용서하려고 하는 사이에 심신의 병증이 나타나는 일은 꽤 흔하다. 내부 어딘가에 상태가 나쁜 부분이 있어서 그것이 겉으로 드러나는 것이 병증이다. 그러므로 병증을 자각한 시점에는 그 원인이라고 생각되는 것을 일단 그만두어야 한다.

행복이야말로 최고의 복수

아무리 따뜻한 남편의 권유라고는 해도 역시 어머니를 용서하기에는 너무 시기가 일렀던 것이 아니었을까. 만약 좀 더 시간이 지나서 어머니가 더 늙고 쇠약해지면 동정심이 생겨서 용서할 수 있었을지도 모른다. 혹은 아이를 낳고 어머니가 되면, 왜 어머니가 딸을 자기 생각대로 해야만 마음을 놓을 수 있었는지 조금은 이해하게 될지도 모른다.

그러나 어머니가 앞으로 크게 변할 가능성은 극히 적다. 또 어머니가 딸에게 해 왔던 행동을 반성하거나 그 일로 사과할 것이라고도 생각되지 않는다. 어머니로서는 당연한 일, 아니 오히려 옳은 일을 한 것뿐인데 왜 그 일로 비난받아야 하는가라고 생각하고 있을 것이다.

오로지 손주를 위한다는 일념 하에 불임치료 전문병원의 팸플릿을 일부러 받아온 것도 자신의 가치관으론 그것이 딸의 행복을 위한 것이라고 믿기 때문일 것이다.

이러한 부모는 자신이 옳다고 믿고 있기 때문에 당연히 반성도 사과도 하지 않을 것이므로 이 여성이 현시점에서 어머니를 용서하지 않는 것은 어쩔 수 없다. 그 일로 자신을 자책할 필요도 없다. 오히려 계속 무리해서 용서하려고 하면 병증이 더욱 악화될 수도 있으며 남편과의 관계도 어색해질 것이다.

이런 경우는 용서하려는 노력을 일단 중단하고 독신 때와 마찬가지로 어머니와 거리를 두는 것이 현명한 선택이다. 다행히 따뜻한 남편이 곁에 있으므로 어머니의 간섭을 당분간 차단하고 두 사람이 행복한 가정을 꾸려나가면 언젠가는 용서할 수 있게 될지도 모른다.

행복이야말로 최대의 복수라는 걸 잊지 말고 '어머니와 같은 어머니가 되지 않는다', '어머니보다 행복한 가정을 꾸려나간다'는 것을 목표로 하고 그것이 실현된다면 행복욕구도 복수심도 동시에 충족될 수 있을 것이다.

부모를 용서할 수 없는
나를 용서하기 위해서

용서하려고 애쓰기를 멈추면 마음이 상당히 편안해질 것이다. 그래도 부모를 용서하지 못한다는 것에 죄책감을 느끼는 사람이라면 그러한 자신을 용서하려면 어떻게 해야 좋을지를 생각해야만 한다.

이를 위한 첫걸음은 현실의 자신과 대면할 것. 부모에 대한 분노와 복수심이 마음속에 숨어있기 때문에 부모를 용서할 수 없다는 현실을 받아들여야만 한다. 하지만 자책할 필요는 없다. 분노와 복수심은 누구의 마음속에든 존재하며 그 때문에 용서하기 힘들어하는 것도 당신만이 아니다. 인간은 누구나 용서할 수 없는 일로 괴로워하고 발버둥 치며 살아간다는 것을 알아야 한다.

부모를 용서할 수 없는 나 자신을 받아들이면 부모에 대한 시선도 바뀔 것이다. 비록 지금은 부모를 용서할 수 없어도 시간이 지남에 따라서 이제 용서할 수 있겠다고 생각되는 시기가 올지도 모른다. 또는 용서하든 용서하지 않든, 어느 쪽이든 상관없을 정도로 집착하지 않고 끝나게 될지도 모른다. 그렇게 되면 이제 된 것이다.

피할수록 더 비싼 대가를 치른다

지배적인 부모 때문에 괴로워하는 환자와 상담을 하면 "부모 뜻대로 하지 않으면 언짢아한다", "부모에게 휘둘리는 것이 힘들다"와 같은 고충을 자주 토로한다.

이러한 고충은 부모에게 지배당하는 당사자의 본심이겠지만, 부모 뜻대로 따르는 것이 편할 것이라 믿는 경우도 전혀 없는 것은 아니다.

이렇게 말하면 부모에게 지배당해서 힘들어하고 있는 독자는 분명 '편하다니 말도 안 돼! 나는 이렇게 괴로운데'라고 반감을 느낄 것이다. 하지만 말대답하지 않고 부모의 뜻대로 하면 일이 잘 되지 않았을 때 적어도 자기 마음속으로는 '내 잘못이 아니다'라고 변명할 수 있다. '부모가 원한 것이지 내 본심은 하고 싶지 않았다. 그러니까 이렇게 됐어도 할 수 없다'라고 책임회피를 할 수 있고, 자기애가 상처 입지 않도록 자신을 지킬 수도 있을 것이다.

이런 식의 자기방어는 종종 이용된다. 지배적인 부모의 지배욕구와 권위의식은 아주 오만하며 강인하기 때문에 이러한 부모에게 말대답을 하려면 기력과 에너지가 필요하다.

게다가 아무리 반항해도 아무것도 변하지 않는 경우가 많기 때문에 '다 귀찮다. 그냥 대꾸하지 말고 부모가 시키는 대로 하자'라는 마음이 되기 쉽다. 물론 어느 정도는 어쩔 수 없겠다는 생각도 든다. 하지만 지배적인 부모가 시키는 대로 하는 사람에게는 대면을 피하려는 경향이 있다는 것은 부정하기 어렵다.

이것은 내 경험에서도 말할 수 있다. 나는 어릴 때 문학부에 진학해서 기자나 작가가 되고 싶다고 생각했다. 하지만 나의 부모님, 특히 어머니는 내가 의사가 되기를 간절히 원했고 그것에 대해서 나는 확실하게 대면하지 않았다. 진학·진로조사 때 한 번 '문학부 희망'이라고 기입해서 제출했다가 어머니가 알게 되었는데, "문학부 같은 델 가서 뭐가 되려고 그래? 취업도 안 되는데. 그냥 의대로 가"라고 호되게 혼났기 때문이다.

어머니는 자신에게 행복한 것은 딸에게도 분명히 행복할 것이라고 믿고 있어서 자신의 욕망을 나에게 강요했기 때문에 무슨 말을 해도 들어주지 않을 것이라고 생각했다.

그 당시의 내 마음을 분석해보면 대체로 다음과 같다.

'만일 부모님 뜻을 거역하고 문학부에 진학했다가 취업을 못 하면 그 책임은 전적으로 내가 져야 할 것이다. 그것보다는 부모님 말씀대로 의대에 진학하는 것이 안전할 것이다. 또 의대가 문학부보다 성적이 높으니 의대에 들어가면 나 자신도 자랑스러울 것이다. 그리고 무엇보다도 부모님에게 인정받고 칭찬받고 싶다.'

그래서 결국 부모님의 희망대로 의대에 들어갔지만, 그 이후로 순조롭게 흘러가지는 않았다. 의학부 수업과 실습은 내가 정말 하고 싶은 일과는 달랐고, 의사가 적성에 맞지 않은 것 같아서 고민도 많이 했다. 그래도 어찌어찌해서 의대를 졸업하고 국가시험도 통과했지만 그때부터가 가시밭길이었다. 의사가 된 후 수년간, 역시 나는 의사가 되기에 적합하지 않은 것 같다는 생각으로 괴로워했고, 정말 그만두려고 한 적도 있었다.

그렇게 힘든 시간을 보내고 있을 때, 어머니는 나에게 맞선을 봐서 결혼한 후 시골에 내려와 개업할 것을 권유했다. 그 후 어머니가 나에게는 비밀로 한 채 병원 지을 땅을 찾고 있다는 이야기를 듣고 등줄기가 서늘했다. 더 이상 어머니의 욕망에 절대로 휘둘리지 않겠다고 결심을 하게 된 계기가 되었다.

그 이후로도 어머니는 계속 "시골에 내려와서 개업하면 좋은데"라며 푸념을 늘어놓았지만, 나는 그때마다 '어머니의 행복과 나의 행복은 달라요. 내가 시골에 돌아가서 개업하면 어머니에게는 행복일지 몰라도 나에게는 불행이에요'라고 마음속으로 중얼거린다.

내 경험을 회고하며 뼈저리게 느낀 것은, 대학에 진학할 때 부모와 제대로 대면했어야 한다는 것이다. 문학부에 진학해서 기자나 작가가 되고 싶다는 내 욕망에 더욱 충실했어야 했는데 부모와의 대면에서 도망친 탓에 결국 쓰라린 경험을 하는 처지가 된 것이다.

우여곡절 끝에 지금은 이렇게 글을 쓰고 여러 권의 책도 출간할 수 있었다. 물론 책을 쓰는 데 있어서 정신과의사로서의 임상경험이 도움이 되었고, 이 책의 집필 의뢰도 내가 정신과의사이기 때문에 받은 것이라고 생각한다. 무엇보다도 의대에서 공부하고 정신과의사로서 일해 온 지금까지의 내 인생을 전부 부정하는 것은 나에게 견딜 수 없는 일이다.

그렇다고는 해도, 만약 내가 어릴 때부터의 꿈이었던 글 쓰는 사람이 되지 못한 채 계속 의사 생활만 하다가 이 나이를 맞이했다면 '내 인생은 도대체 무엇이었나'하는 자괴감에 시달렸을 것이라고 생각한다.

그러므로 부모님 뜻을 따르는 게 편할 것이라 생각해서 대면을 피하고 있는 분에게 나는 목소리 높여 말해주고 싶다. "반항해야 할 때 대꾸하지 못하고, 대면해야 할 때 피하면 나중에 더 비싼 계산서가 돌아온다"라고. 대면을 피하는 것은 한편으로는 편해 보이지만 먼 안목으로 보면 결코 그렇지 않다.

무엇보다도 자기 인생의 책임은 다른 사람이 아닌 결국 자신이 져야만 한다. 그것을 나는 내 경험에서 사무치게 깨달았기 때문에 부모에게 지배당해서 고통스러울 정도라면 용기를 내고 대면할 것을 권유한다.

부모와 한 번은 대면해야 한다

물론 대면했다고 해서 부모가 변하지는 않는다. 이 점에 대해서는 앞서 소개한 저자 수잔 포워드도 같은 의견인 것 같은데 다음과 같이 이야기하고 있다.

"부모와 대면한다고 해서 부모가 당신을 인정해주거나, 사과하거나, 자신들이 책임져야겠다고 생각하지는 않는다. 사실이다. 독이 되는 부모가 사실을 직면했다고 해서 '그래, 모두 사실이다. 내가 너무 심했다', '제발 용서해라', 혹은 '이제부터 어떻게 해줬으면 좋겠니?'라고 말하지는 않는다. 오히려 사실과 정반대의 상황으로 표현한다. 그런 사실이 없다고 잡아떼거나, 잊어버렸다고 하거나, 어린 시절에 문제를 일으킨 걸 들먹이면서 되레 당신을 비난하거나 화를 내는 경우가 대부분이다."

그렇다면 왜 대면의 필요성을 역설하는 것일까. 이 작업은 당신을 위한 작업이지 부모를 위한 작업이 아니라는 점을 기억해야 한다. 부모와 대면하지 않으면 평생 마음 가장 깊은 곳에 가로놓여 있는 "두려움" 때문에 괴로워하게 될지도 모른다. 또 상처 입은 자존감을 안은 채 무력감에 들볶이게 될 수도 있다. 포워드는 그렇게 되지 않으려면 부모와의 대면이 필요하다고 하는데 나도 동감한다.

만약 얼굴을 맞대고 부모와 대면하는 것이 망설여진다면 편지든 메일이든 좋다. 어쨌든 앞으로의 당신 인생을 위해서 부모와 한 번은 대면해야만 한다.

그리고 남은 인생은 가능하면 부모와 거리를 두어야 한다. 이것은 도피가 아니다. 당신의 인생을 지키기 위해 필요한 방위책이다.

5장

자식을
죽이는
부모

이 장에서는
자식에 대한 부모의
마지막 공격이라고
할 수 있는
자식살해를 다룬다.

자식을 살해한 아버지

2019년 6월 도쿄 네리마구의 자택에서 농림수산성 전직 사무차관이었던 칠십 대 아버지가 무직으로 여러 해 은둔형외톨이 생활을 하던 사십 대 장남을 살해한 사건은 충격적이었다.

5월 말에 가와사키시에서 한 은둔형외톨이에 의해 아동을 포함한 20명이 살상된 사건이 있었기 때문에 "혹시 내 자식도 다른 사람을 해칠지도 모른다는 생각에 불안했다", "폐를 끼치고 싶지 않았다"라는 게 아들을 살해한 이유라고 진술했다. 또한 장남에게 "신변의 위협을 느꼈다"라고 한 것을 봤을 때, 일상적으로 가정 내 폭력을 당했던 듯하다.

사건 당일에는 자택과 인접한 초등학교에서 운동회가 열

렸다. 그런데 장남이 "시끄러워 죽겠네. 다 때려죽여 버릴까"라고 소동을 피우자 아버지가 주의를 주면서 말싸움이 벌어졌다고 한다.

장남의 가정 내 폭력이 시작된 것은 중학교 2학년 때로, 당시 장남은 도쿄대 진학률이 높은 도내의 명문 중고교에 통학하고 있었다. 당시의 상황을 장남 자신이 2017년에 트위터에 적어놓았다.

"중2 때, 처음으로 엄마를 때려눕혔을 때의 그 쾌감을 지금도 기억하고 있다."

아버지는 도쿄대 법대를 졸업하고 농림성에 입성하여 최고 직책인 사무차관에까지 올라간 초엘리트였지만 장남은 아버지와 같은 엘리트코스를 밟을 수 없었다. 고등학교 졸업 후 니혼대학에 진학했다가 류쓰케이자이 대학으로 옮겼지만, 학업을 마치고도 일은 하지 않고 게임과 인터넷에 완전히 빠져 생활한 것 같다.

하지만 계속 부모와 함께 생활했던 것은 아니다. 십수 년 전부터 도내의 아파트에서 독립생활을 해왔으며, 그동안 아버지가 방문해서 집안 정리를 해준 것 같다. 그러다가 최근에 쓰레기 배출 문제를 둘러싸고 이웃 주민과 트러블이 생겼고, 사건이 일어나기 일주일쯤 전에 장남 본인의 희망으로 본가로 돌아와 다시 부모와 살기 시작했다.

그 이후 장남은 입버릇처럼 "때려죽이겠다"라는 말을 했고, 사건 6일 전에는 아버지를 심하게 폭행했다. 그때부터 장남은 "내 인생은 도대체 뭐야"라고 소리를 지르기도 했다고 한다. 또 부모를 때리거나 발로 차는 상황이 사건 당일까지 매일 계속해서 벌어진 것으로 보인다.

폭군이 된 자식의 분노와 복수심

이 장남은 3장에서 언급했던 폭군이 되는 자식의 전형적인 모습니다. 아버지의 몸에 무수한 멍이 발견되었다고 하는데, 장남에게 일상적으로 폭력을 당하고 있었다는 것을 엿볼 수 있다.

또 가와사키시에서 초등학생들을 살상한 범인이 오십 대 은둔형외톨이였기 때문에 혹시 장남이 비슷한 사건을 일으키지 않을까 하는 우려를 한 것도 이해할 수 있다. 그래서인지 이 아버지에 대한 동정의 목소리가 많이 들렸다.

하지만 나는 "잠깐만"이라고 말하고 싶다. 확실히 이 장남처럼 폭군이 된 자식은 부모를 탓하고 노예처럼 취급하며 폭언을 퍼붓거나 폭력을 휘두른다. 하지만 자식이 부모를 비난하는 말을 들어보면 일말의 진실이 포함되어 있는 경우가 적지 않다.

살해된 장남의 2017년도 트위터 내용이다.

"내가 공부를 열심히 한 것은 엄마가 내 장난감을 부수지 못 하게 하기 위해서다."

"엄마는 내 엘가임 MK-Ⅱ를 부순 대역죄인이다. 만 번 죽어 마땅하다. 알겠냐? 만 번 죽어야 겨우 당신의 죄를 갚을 수 있는 것이다. 자신이 얼마나 크나큰 죄를 저질렀는지 뼈저리게 느껴라. 당신의 장례식장에서는 영정에 재를 뿌려주마."

이러한 글에서 엿보이는 것은 어머니에 대한 강한 분노와 복수심이다. 장남이 이 정도로 분노하고 있는 것은 트위터의 내용대로 공부하지 않으면 어머니가 장난감을 부순 일이 중학 시절에 실제로 있었기 때문이리라. 그 분노를 터뜨리지 않고는 견딜 수 없어서 어머니를 때려서 쓰러뜨렸을 가능성이 높다.

성인이 되어서도 가정 내 폭력을 지속했던 장남을 옹호하려는 것은 아니지만, 아이의 분노와 복수심을 불러일으킬 만한 일을 부모가 지속했을 가능성은 부정하기 어렵다.

도쿄대 진학률이 높은 중고교에 장남을 진학시킨 것은

도쿄대학교 법학부를 졸업한 고위급 관료인 아버지와 같은 레벨의 학력과 직업을 장남에게 바랐기 때문이겠지만, 3장에서 지적한 경쟁교육의 일부분처럼도 보인다.

또한 아버지는 직업 관료로서 바쁘게 살다 보니 훈육이나 교육은 어머니가 완전히 담당했을지도 모른다. 이런 사정으로 어머니가 과도한 교육열을 갖게 되었을 가능성이 충분하지만 얄궂게도 그것이 장남의 분노와 복수심을 불러일으킨 것은 아닐까.

부모와 자식은 별도의 인격체

이 사건에 대한 세간의 반응 중 내가 가장 놀랐던 것은 아버지에 대한 동정의 목소리뿐 아니라 칭찬의 목소리까지 들린 것이다. "아들을 죽인 것을 비난할 수는 없다"라는 발언, 또는 "부모가 끝마무리를 했다"는 발언도 있었다.

나는 이러한 발언에는 강한 위화감을 느꼈으며 무척 위험하다고 생각했다. 그 배경에는 자식에 대한 강한 소유의식이 잠재되어 있는 것으로 보였기 때문이다. 부모가 자식을 자신의 소유물로 생각할수록 부모 자신의 가치관을 강요하거나, 자식의 인생에 문제가 생기면 자신의 손으로 뭔가를 해야만 한다고 믿는다.

나는 은둔형외톨이인 자식을 둔 부모와 상담하는 일이

많은데, 부모들이 종종 "이런 아이를 남겨두고 죽을 수 없습니다. 저희 부부가 먼저 죽을 텐데 어떻게 하면 좋을지 모르겠습니다"라고 호소한다. 부모의 마음은 충분히 이해하지만 이러한 호소 자체가 자식의 인생 전부를 부모가 책임져야만 한다고 굳게 믿고 수많은 문제를 가족끼리 떠안으려고 하는 반증으로 보인다.

실제로 이런 부모는 자식이 자기 방에 틀어박혀 나오지 않게 되면 본인 또한 이웃이나 친척과의 교류를 피하고 외출을 자제하게 되기 쉽다. 이는 책임감이 강해서이기도 하고 체면 때문이기도 하다. 어느 쪽이든, 부모 자신도 은둔형외톨이 상태가 되기 쉽다. 그리고 아이러니하게도 부모자식의 일체감이 더욱 강해져서 공의존 관계에 빠지기 쉽다.

그러나 정신과의사로서 여러 해 동안의 임상경험으로 말씀드리면, 은둔형외톨이는 본인의 자질이나 부모의 양육법을 탓한다고 해결되는 문제가 아니다. 가족, 사회, 교육의 구조적인 문제가 표면화된 '병의 증상'으로 간주해야 한다. 당연히 부모가 모두 떠안는다고 해결할 수 있는 것이 아니다. 오히려 비극적인 결과를 초래할 수도 있다는 것은 전직 사무차관의 자식살해 사건을 보면 명확해진다.

그러므로 자식이 일정 연령 이상이 되면 '내가 낳은 자식이지만 부모와 자식은 별도의 인격체이므로 자식의 문제를 전부 부모가 해결할 수는 없다. 부모 쪽이 먼저 죽기 때문에 자식을 끝까지 돌보는 것은 어차피 불가능하다'라는 체념이 부모에게 필요하지만, 실제로는 그것이 불가능한 부모가 많다. 게다가 체면이나 겉치레가 얽혀 있으면 더욱 복잡해진다.

자식은 부모의 소유물이 아니다

아들을 살해하는 상황까지 내몰린 전직 사무차관의 고뇌를 이해할 수 없는 것은 아니다. 하지만 그 지경이 될 때까지 은둔형외톨이와 가정 내 폭력에 대해서 상담을 받아보지 않았던 이유는 무엇일까 하는 의문을 품지 않을 수 없다. 그 이유의 하나는 체면, 또 하나는 자식을 부모의 소유물로 여기는 자녀관을 생각할 수 있다.

이는 모자동반자살의 실태를 조사한 연구에서 밝혀진 경향이다. 어머니가 자식을 소유물로 생각해서 '나와 함께 죽는 편이 이 아이에게도 행복', '살아있어 봤자 이 아이는 불행해질 뿐'이라고 믿고 동반자살을 시도한다.

이처럼 자식을 부모의 소유물로 생각하는 자녀관은 전통

적인 가부장제도 속에서 성장하였다. 이러한 자녀관은 어머니뿐만 아니라 아버지에게서도 볼 수 있다.

　가부장적 가족제도가 붕괴된 요즘 세상에도 자식을 부모의 소유물로 생각하는 자녀관에 젖어있는 부모가 많다는 것은 참으로 유감스러운 일이다.

동반자살과 자식살해

자식을 부모의 소유물로 생각하는 자녀관이 위험한 이유 중 하나는 부모가 은둔형외톨이인 자식의 장래를 비관하여 동반자살을 시도하는 사건을 유발할 수 있기 때문이다. 실제로 그런 걱정 때문에 은둔형외톨이 생활을 하는 아들을 살해한 후 어머니 자신도 자살한 사건이 일어났다.

2016년 5월 니이가타현 산조시에서 오십 대 남성이 목에서 피를 흘리며 자택에서 사망한 사건이 있었다. 외출했다가 집에 돌아온 사십 대 남동생이 발견하여 신고했으며, 사체의 목에는 복수의 자상과 칼자국이 있었다. 실내에서는 흉기로 보이는 칼도 발견되었다.

다음 날 아침에는 같이 살고 있던 73세 어머니의 사체가 농업용 용수로에서 발견되었다. 자택에서는 사건을 암시하는 어머니의 유서도 발견되었다. 따라서 십 대 때부터 은둔형외톨이 경향을 보였던 아들로 인해 고민했던 어머니가 동반자살을 계획했을 가능성이 높다.

또 일정한 직장이 없는 아들의 장래를 비관한 어머니가 동반자살을 도모한 사건도 발생했다. 2014년 2월 나라시의 한 단지에서 당시 70세의 어머니와 47세 장남의 유해가 발견되었다. 나라현 경찰은 일정한 직업이 없는 장남의 장래를 비관한 어머니가 장남을 살해한 후 자살한 동반자살로 결론지었다.

한편 아버지가 은둔형외톨이인 아들을 살해하는 비극도 일어났다.

2013년 11월 히로시마현 후쿠야마시에서 71세 남성이 당시 45세인 장남을 살해했다. 며칠 뒤, 아내와 함께 경찰서를 찾은 아버지는 "아들을 죽였다"고 자수했다. 그리고 진술한 대로 장남의 사체가 자택에서 발견되었다. 살인 혐의로 체포된 아버지는 "아들이 죽여 달라고 했다. 나도 늙었고 아들의 장래가 비관 돼서 죽였다"고 진술했는데 아들의 목을 졸라서 살해하기까지는 상당한 고뇌가 있었던 것으로 보였다.

장남은 십 대 시절에 피부질환을 계기로 은둔형외톨이 경향을 보이게 되었고 고등학교를 중퇴했다. 그 후, 대입시험을 치르고 타지역의 대학에 진학했지만 다시 중퇴하고 집에서 나가지 않는 생활이 시작되었다. 언젠가부터 자기 이외의 사람이 일으키는 생활소음에 민감해져서 사건이 일어나기 십 년쯤 전부터 부모와는 별도로 생활했다. 그래도 어머니는 매일 아들이 있는 곳에 가서 청소와 세탁 같은 일상생활의 잡다한 일을 해주었다고 한다.

　"아들의 장래를 비관해서 죽였다"라는 진술은 자식을 제 손으로 죽인 부모의 입에서 종종 나오는데, 'KHJ 전국 은둔형외톨이 가족연합회'의 조사에서 밝혀진 것처럼 가족의 강한 불안이 그 배경이라고 생각한다.

은둔형외톨이의 장기화와 고령화

2019년 3월 일본 내각부는 41세부터 65세를 대상으로 은둔형외톨이 실태조사 결과를 발표했다. 61만 3천 명이라는 숫자는 충격적이었다.

내각부는 이미 2010년과 2016년에도 은둔형외톨이 실태조사를 실시했었는데, 이때는 16세부터 40세가 대상이었고 각각 약 70만 명, 54만 명이라는 숫자가 나왔다. 따라서 적어도 약 100만 명 이상의 은둔형외톨이가 있다고 생각된다.

은둔형외톨이의 장기화·고령화의 경향과 그 실태를 밝히기 위해 'KHJ 전국 은둔형외톨이 가족연합회'가 후생노동성의 지원을 받아서 조사를 실시했다. 이 조사는 2016년

11월부터 2017년 1월까지 가족 399명, 은둔형외톨이 경험자 119명을 대상으로 시행되었다.

그 결과, 집안에 틀어박혀 있는 당사자의 평균 연령은 34.5세이며 41세 이상의 사례가 전체의 25%에 달하는 것이 확실해졌다. 또 은둔형외톨이의 평균 기간은 10.8년으로, 은둔형외톨이 기간이 20년 이상인 사람이 전체의 16%에 달하는 것도 판명되었다.

41세 이상의 사례와 41세 미만의 사례를 비교한 결과, 은둔형외톨이의 평균 기간은 41세 미만에서는 약 9년이었지만, 41세 이상에서는 약 15년이라는 것이 밝혀졌다. 다시 말해서, 고연령 사례일수록 장기간에 걸쳐서 집에 틀어박혀 있었다는 것이다. 게다가 41세 이상의 사례에서는 41세 미만의 사례보다 '현재 및 5년 이후에 대한 가족의 불안'이 강하다는 것도 판명되었다.

이 조사에 의해 은둔형외톨이의 장기화·고령화 실태가 부각되었다. 전직 차관의 살해된 장남도 전형적인 41세 이상의 은둔형외톨이였다. 따라서 가족의 불안은 꽤 강했으리라고 생각된다.

가정이라는 밀실에서 일어난 비극

아들의 상태가 불안했다면 어딘가에 상담을 요청했으면 좋았을 텐데 전직 사무차관 부부는 어디에서도 상담하지 않았던 것 같다. 이렇게 가정이라는 밀실에서 문제를 끌어안고 있었다는 것이 이번 비극의 한 원인으로 보인다. 이 장남처럼 가정 내 폭력을 동반하는 은둔형외톨이의 경우, 부모에게 적의나 분노를 느끼면서도 의존하지 않을 수 없는 적대적 의존 상황에 빠져있는 경우가 많다.

부모에게 화가 나지만 경제적으로는 의존할 수밖에 없는 적대적 의존 상황에 초조함을 느끼게 되어 더욱 심한 폭력을 휘두르는 일도 있다. 또는 가족과의 관계가 은둔형외톨이의 한 원인이 되는 경우도 있다. 그러므로 가족 안에서만 은둔형외톨이를 해결하려는 것은 불가능하다는 것을 인식해야 한다. 특히 40대 이상의 은둔형외톨이 자식이 있는 부모는 가능한 한 빨리 상담을 요청해야 한다.

상담을 받고 의료기관으로 연결될 수 있다면 정신과의사가 정기적으로 당사자를 진찰하고 조언할 수 있고, 필요하다면 약 처방도 가능하다. 또는 부모가 같은 문제로 모인 커뮤니티와 유대관계를 갖고, 같은 불안이나 고민을 가진 부모와 교류하면서 해결의 실마리를 찾는 것도 가능할 것이다.

제삼자의 힘을 빌리지 않으면 은둔형외톨이를 해결할 수 없으므로 일단 상담이 필요한데 전직 사무차관은 그러한 선택을 하지 않았다. 어쩌면 은둔형외톨이는 수치이며 소문이 나면 곤란하다고 생각했을지도 모른다. 하지만 만약 상담을 받았다면 자식을 죽이는 최악의 사태는 피할 수 있지 않았을까.

배우자에게 복수하기 위한 자식살해

앞에서 말했듯이 자식의 장래를 비관한 부모가 자기 손으로 뭔가를 해야만 한다고 믿고 동반자살을 시도하거나 자식을 죽이는 것은 부모의 소유의식에 원인이 있다. 이 소유의식은 배우자에게 복수하기 위한 자식살해에서도 얼굴을 드러낸다.

배우자에게 복수하기 위한 자식살해란, 배우자 또는 전 배우자에게 고통을 주기 위해서 의도적으로 자기 자식을 살해하는 경우다. 그 원형은 그리스신화에 등장하는 메데이아로, 자신을 배신하고 다른 여자에게 가버린 불성실한 남편에게 복수하기 위해서 두 명의 아들을 살해한다. 그리고 "왜 아이들을 죽였는가"라고 추궁하는 남편에게 "당신에게 고통을 주기 위해서"라고 대답한다.

이 메데이아의 비극에서 '메데이아 콤플렉스'라는 개념이 생겼고, '어머니가 자기 자식의 죽음을 바라는 욕구이며, 통상적으로 남편에 대한 복수로서 생긴다'라고 정의되어 있다. 현대에도 남편 또는 전남편에게 복수하기 위해서 어머니가 자식을 죽이거나 동반자살을 시도한 것으로 추정되는 사건이 종종 보도되고 있다.

복수심에서 자식을 죽이거나 동반자살을 도모하는 것은 어머니에게 한정된 이야기는 아니다. 아버지가 아내 또는 전 부인에게 복수하려고 똑같은 끔찍한 일을 저지르는 일도 있다.

어느 경우든, 그 밑바탕에 잠재되어 있는 것은 '자식은 내 것'이라는 소유의식일 것이다. 이 소유의식이 얼마나 위험한 것인지는 지금까지 반복해서 말했다. 부모는 자식에 대한 소유의식을 버리고 부모와 자식은 별개의 인격체라는 것을 마음 깊이 새겨야 한다.

※ 부모가 자식과 동반자살을 도모하는 사건은 서구에서도 발생한다. 단, 서구에서는 동반자살이라는 표현 자체가 존재하지 않는다. 영어로는 double suicide(중복자살)이며, 모자동반자살은 maternal filicide-suicide(어머니에 의한 자녀살해-자살), 부자동반자살은 paternal filicide-suicide(아버지에 의한 자녀살해-자살)이 된다. 이러한 표현 자체에서도 드러나듯이 서구에서는 이와 같은 죽음을 어디까지나 자식살해로 인식하고 있다.

마치며

2019년 일본서점대상을 수상한 세오 마이코의 소설《그리고 바통은 넘겨졌다》가 베스트셀러가 되었다.

주인공은 17세 소녀로 피가 섞이지 않은 부모 사이를 릴레이 경주하듯 이어가며 네 번이나 이름이 바뀐다. 그런 가정환경에서 살면 불행할 것이라고 생각하기 쉽지만 이 소녀는 다른 것 같다.

"나에게는 아버지가 3명, 어머니가 2명 있다. 가족의 형태는 17년간 7번이나 바뀌었다. 하지만 전혀 불행하지 않다."

이 소녀는 '바통'처럼 여러 부모 밑을 전전했지만 부모와의 관계 때문에 괴로워하지도 비뚤어지지도 않고 어디에서

든 행복했다. 그 최대 이유는 언제나 부모를 사랑하고 사랑받고 있었기 때문이리라. 이처럼 피가 섞이지 않은 부모라도 자식이 사랑받고 있다고 실감할 수 있으면 불행하지 않다. 오히려 행복해진다.

하지만 피가 섞인 부모라도 애정을 받지 못하면 자식은 불행해진다. 부모 쪽은 애정을 쏟았다 생각하더라도 '자식은 내 것'이라는 소유의식, 또는 '자식은 나를 돋보이게 하는 부속물'이라는 인식 탓에 자식을 괴롭히는 일도 있다.

어쩌면 피가 섞인 부모이기 때문에 자식을 소유물로 생각하고 부모 자신의 가치관을 강요하거나 과도한 기대를 거는 것인지도 모른다.

자신의 DNA를 잇는 존재인 자식에게 부모가 자기애를 투영하는 것도 무리는 아니라고 생각한다.

하지만 이 책에서 반복해서 기술했듯이 모든 악의 근원은 부모의 소유의식이다. 이 소유의식 탓에 자식을 몰아붙이는 부모도 있고, 자식을 죽이기까지 하는 부모도 있다. 따라서 자식을 소유물로 여기는 것을 멈추고 자식과 부모는 별개의 인격체라는 것을 단호하게 인정해야 한다. 그것이 자식을 공격하는 부모가 되지 않기 위한 첫걸음이다.

이 책이 출간되기까지 PHP연구소 제4제작부 인생교양과 편집장이신 니시무라 켄 씨에게 큰 신세를 졌습니다. 원고를 주의 깊게 읽어주시고 적절한 조언을 해주신 후의에 마음으로부터 감사드립니다. 정말 감사합니다.

2019년 7월

참고문헌

1장

- 《주간문춘》 2018년 6월 21일 호
- 가타다 다마미 《무차별 살인의 정신분석》 신쵸선서, 2009년

2장

- 〈산케이신문〉 2019년 2월 5일 부
- 《주간 문춘》 2019년 5월 2일 / 9일 골든위크 특대호
- 하기오 모토 《한순간과 영원과》 아사히 문고, 2016년
- 런디 뱅크로프트, 제이 G. 실버만(Lundy Bancroft, Jay G. Silverman) 《가정폭력에 직면한 아이들 - 가해자로서의 부모가 가족기능에 미치는 영향》 이쿠시마 사치코 역, 곤고출판, 2004년
- 안나 프로이트 《자아와 방어기제》 열린책들, 2015년
- 스티븐 그로스 《때로는 나도 미치고 싶다》 나무의 철학, 2013년

3장

- 오시카와 다케시《'제 자식을 죽여주세요'라고 말하는 부모들》신쵸문고, 2015년
- 다카하시 가즈미《자식은 부모를 구하기 위해서 마음의 병에 걸린다》치쿠마 문고, 2014년
- 하야시 나오키《손목자해-자해행동을 이겨낸다》고단샤 현대신서, 2007년
- 후타가미 노우키《폭력은 부모를 향한다-이제 밝혀진 가정 내 폭력의 실태》도요게이자이 신보사, 2007년
- 힐데 브룩(Hilde Bruch)《황금새장 속에 갇힌 소녀》하나의학사, 1994년
- 지그문트 프로이트《애도와 멜랑콜리》파워북, 2013년
- 세네카《화에 대하여》사이, 2013년

4장

- 수잔 포워드《독이 되는 부모》푸른육아, 2008년
- 지그문트 프로이트《문명 속의 불만》열린책들, 2003년
- 지그문트 프로이트《애도와 멜랑콜리》파워북, 2013년

5장

- 〈마이니치 신문〉 2019년 6월 4일 부
- 《주간 신쵸》 2019년 6월 13일 호
- 《여성세븐》 2019년 6월 20일 호
- 가타다 다마미《확대자살 ― 대량살인·자폭테러·동반자살》가도

카와 선서, 2017년

- 다카하시 시게히로 《모자동반자살의 실태와 가족관계의 건전화 -보건복지학적 접근방법에 따른 연구》가와시마 쇼텐, 1987년
- 특정비영리 활동법인 KHJ 전국 은둔형외톨이 가족회 연합회 〈은둔형 외톨이 실태에 관한 앙케이트 조사보고서〉 2017년 3월
- 에우리피데스 〈메데아〉 나카무라 젠야 역(《그리스비극Ⅲ-에우리피데스(상)》치쿠마문고, 1986년)
- Kieran O'Hagan : Filicide-Suicide : The Killing of Children in the Context of Separation, Divorce and Custody Disputes, Palgrave Macmillan. 2014

자식을 미치게 만드는 부모들

상처주고 공격하고 지배하려는 부모와 그로부터 벗어나는 법

펴낸날 | 2020년 6월 30일
지은이 | 가타다 다마미
옮긴이 | 김수정
펴낸곳 | 윌컴퍼니
펴낸이 | 김화수
출판등록 | 제2019-000052호
전화 | 02-725-9597
팩스 | 02-725-0312
이메일 | willcompanybook@naver.com
ISBN | 979-11-85676-62-3   03180

이 도서의 국립중앙도서관 출판예정도서목록(CIP)은 서지정보유통지원시스템 홈페이지
(http://seoji.nl.go.kr)와 국가자료종합목록 구축시스템(http://kolis-net.nl.go.kr)에서
이용하실 수 있습니다.(CIP제어번호: CIP2020024962)